U0862656

北京大學粵港澳大灣區知識產權發展研究院 组织编写

本书编委会

主　　编：张　平
执行编辑：闫文光
成　　员：辜凌云　徐美玲　谢　阳

中华人民共和国
数据安全法
理解适用与案例解读

张平◎主编

中国法制出版社
CHINA LEGAL PUBLISHING HOUSE

前　言

2021年6月10日，《中华人民共和国数据安全法》由第十三届全国人民代表大会常务委员会第二十九次会议通过，自2021年9月1日起施行。《中华人民共和国数据安全法》的出台，是我国国家安全立法领域内又一具有里程碑意义的事件，完善了我国的国家安全立法体系，填补了我国数据安全保护立法的空白，回应了数字时代背景下产业发展与数据保护的平衡问题，为建立健全数据安全治理体系指明了发展方向。

在数据驱动经济与科技发展的大背景下，当前世界各国普遍加强对数据资源的控制，不断通过各种措施加强对数据的管控能力，本法对于在当今国际环境下构建新发展格局具有重要的保障作用，彰显了维护国家主权和利益的决心与立场，具有开创性意义。

为了更好地对数据安全法进行解读，辅助该法落地实施，促进政府、企业以及个人等各方主体知法用法，北京大学粤港澳大湾区知识产权发展研究院研究团队编撰了本书，对数据安全法进行逐条解读，通过“条文主旨”“条文理解”对每一条内容从立法渊源、理论研究、国内外对比等角度进行分析，通过“适用指南”“案例解读”为行政主体、企业等提供适用法律指引，通过“相关规定”将与本条相关的其他法律法规等予以呈现。期待本书可以为各界读者提供借鉴和指引，为我国的数据治理工作添砖加瓦。

目　录

Contents

第一章　总　　则

第二章　数据安全与发展

第三章　数据安全制度

第四章　数据安全保护义务

第五章　政务数据安全与开放

第六章 法 律 责 任

第七章 附　　则

附录

第一章 总 则

第一条 【立法目的】[①] 为了规范数据处理活动，保障数据安全，促进数据开发利用，保护个人、组织的合法权益，维护国家主权、安全和发展利益，制定本法。

【条文主旨】

本条是关于本法立法目的与精神的规定。

【条文理解】

一、保障利益与安全

进入互联网和弱人工智能时代，在数字技术与数字产业飞速发展的今天，以数据为基础的数字经济已经成为全球各类产业发展的重要增长点，数据已经成为当前社会最重要的资源之一，被称为数字时代的“石油”。根据国家互联网信息办公室发布的《数字中国发展报告（2020年）》，我国2020年5G网络建设速度和规模位居全球第一，已建成5G基站71.8万个，5G终端连接数超过2亿，移动互联网用户接入流量由2015年底的41.9亿GB增长到2020年的1656亿GB。

数字经济已经渗透到我们生活的方方面面，包括电商、社交媒体、大文娱、新零售、在线支付、外卖、云业务、网约车、共享单车等。根据国家发展改革委等13个部门于2020年7月14日公布的《关于支持新业态新模式健康发展 激活消费市场带动扩大就业的意见》，我国提出支持共计15种新业态新模式发展，包括在线教育、互联网医疗、线上办

---

① 简要条文主旨为编者所加，下同。

公、数字化治理、产业平台化发展、传统企业数字化转型、“虚拟”产业园和产业集群、“无人经济”、培育新个体经济支持自主就业、发展微经济鼓励“副业创新”、探索多点执业、共享生活、共享生产、生产资料共享及数据要素流通。

2020年12月，中共中央印发《法治社会建设实施纲要（2020—2025年）》，文件提出要建立健全数据安全管理制度、研究制定个人信息保护法；2020年12月16日至18日，中央经济工作会议在京举行，会议强调国家支持平台企业创新、依法规范发展，健全数字规则，完善平台企业垄断认定、数据收集使用管理、消费者权益保护等方面的法律规范。①

在国家不断强化数据利用与保护的同时，产业界对数据权益的争夺日趋激烈。数据作为只有流通才具有生命力的生产要素，其产生、收集、处理、存储以及共享等每一个过程都与不同的主体相关联，背后涉及的利益错综复杂，这就导致了不同主体之间对数据利益的争夺、封锁，导致垄断行为的产生，如×博诉×脉案②、×宝诉×景案③以及×涛诉×度案④。

此外，受利益的驱使，其他主体也开始采取不法行为以获取数据，系统对接、数据传输、数据存储等环节都极易产生安全风险，数据泄露、黑客攻击、过度爬取以及数据黑产现象层出不穷。数据在提升国际竞争力、推动经济社会发展、促进国家治理体系和治理能力现代化、满足人民日益增长的美好生活需要方面发挥着越来越重要的作用。可以看出，上至各个国家，下至各平台企业以及每个用户，无不逐渐处于数据的影响与控制之下，并为争夺数据利益而相互竞争，这也就使得数据安全成为当前需要立法予以回应的头等大事。

作为我国网络空间规制的重要法律，《中华人民共和国数据安全法》规制的是数据处理活动，通过保障数据安全，来促进数据开发利用，保护个人、组织的合法权益，维护国家主权、安全和发展利益。我国以法律文件的形式表明：数据安全关系到国家主权、安全和发展利益。其重要性可见一斑。

二、促进开发与利用

根据《数字中国发展报告（2020年）》，全国网上零售额2020年达

---

① 《中央经济工作会议在北京举行》，载人民网，http：//politics. people. com. cn/n1/2020/1219/c1024-31971922. html，最后访问时间：2021年8月9日。

② 北京知识产权法院（2016）京73民终588号民事判决书。

③ 浙江省杭州铁路运输法院（2017）浙8601民初4034号民事判决书。

④ 上海知识产权法院（2016）沪73民终242号民事判决书。

到 11.76 万亿元，连续 8 年位居世界第一，其中实物商品网上零售额达 9.76 万亿元，占社会消费品零售总额比重接近四分之一。数字经济已经成为驱动我国经济高质量发展的核心关键力量。中国信息通信研究院发布的《中国数字经济发展白皮书》数据显示，我国数字经济的总体规模已从 2005 年的 2.62 万亿元增长至 2019 年的 35.84 万亿元；数字经济总体规模占 GDP 的比重也从 2005 年的 14.2%提升至 2019 年的 36.2%。

2020 年 10 月 26 日至 29 日，中国共产党第十九届五中全会在京举行，全会提出要加快发展现代产业体系，推动经济体系优化升级，坚定不移建设网络强国与数字中国，加快数字化发展；2021 年政府工作报告与《中华人民共和国国民经济和社会发展第十四个五年规划和 2035 年远景目标纲要》也同时提出，要激活数据要素潜能，加快建设数字经济。2021 年，构建新发展格局，必须把科技自立自强作为国家发展的战略支撑，注重以高质量供给适应引领创造新需求，形成消费和投资互促共进的强大国内市场；加快完善科技创新体制机制，强化国家战略科技力量，提升企业技术创新能力，激发人才创新活力；加快发展现代产业体系，推动产业链供应链优化升级，发展壮大战略性新兴产业，形成需求牵引供给、供给创造需求的更高水平动态平衡；加快培育完整内需体系，把实施扩大内需战略同深化供给侧结构性改革有机结合起来，紧扣改善民生拓展需求，提升传统消费，培育新型消费，发展服务消费，适当增加公共消费。

随着经济数字化、政府数字化、企业数字化的建设，数据已经成为我国政府和企业最核心的资产。《促进大数据发展行动纲要》《科学数据管理办法》《中共中央、国务院关于构建更加完善的要素市场化配置体制机制的意见》《中共中央、国务院关于新时代加快完善社会主义市场经济体制的意见》等相关文件先后出台，明确将数据列为与土地、劳动力、资本、技术等并列的生产要素并强调要加快数据要素市场的培育。历数国家的发展理念可以发现，以数据驱动的数字产业逐渐成为经济支柱，作为重要生产要素的数据也将被纳入一系列政策法规，强力促进经济发展。

我国历来坚持维护数据安全与促进数据开发利用并重的方针，《中华人民共和国数据安全法》的出台很好地反映了这一点。因此，《中华人民共和国数据安全法》的出台与正式实施将为我国在国际数据经济市场中提供坚实有力的保障，促进经济健康发展，为数字化建设指明发展方向。

【适用指南】

作为本法的立法目的条款，本条为我国的数字产业发展划定了红线与基本线，即数据处理与利用活动首先应以国家主权、安全和发展利益以及个人、组织的合法权益为前提和基础，在安全的框架内开展数据开发利用，这也应成为相关企业开展业务活动的准绳与指南。

【相关规定】

《关于支持新业态新模式健康发展　激活消费市场带动扩大就业的意见》；《法治社会建设实施纲要（2020—2025年）》；《关于加快构建新发展格局的指导意见》；《中华人民共和国国民经济和社会发展第十四个五年规划和2035年远景目标纲要》；《促进大数据发展行动纲要》；《中共中央、国务院关于构建更加完善的要素市场化配置体制机制的意见》；《中共中央、国务院关于新时代加快完善社会主义市场经济体制的意见》；《科学数据管理办法》。

第二条　【调整范围】在中华人民共和国境内开展数据处理活动及其安全监管，适用本法。

在中华人民共和国境外开展数据处理活动，损害中华人民共和国国家安全、公共利益或者公民、组织合法权益的，依法追究法律责任。

【条文主旨】

本条是关于本法适用范围的规定。

【条文理解】

本条所调整的范围包括两个部分，第一个为最直观的地域范围，即中国境内与境外之区分；第二个为调整对象范围，即本法所规制的为数据的处理活动，是一种“行为”。

一、地域范围

我国以往的法律法规中，大多未在调整范围中设置专门条款对境外予以规定，例如《中华人民共和国网络安全法》第二条规定："在中华人民共和国境内建设、运营、维护和使用网络，以及网络安全的监督管理，适用本法。"本法此次设置第二款对境外开展的数据处理活动予以明确规制，十分鲜明地传达了我国维护国家的数据主权、国家安全以及网络安全的决心与信心，在一定程度上对《中华人民共和国网络安全法》起到了补充完善作用，共同组成我国系统的安全法律体系。

正如前文所述，当前数据已经成为最具价值和战略意义的新时代资源。大数据之所以称为"大数据"，并不仅仅是因为其数据量巨大，更是因为其数据种类之多以及覆盖范围之广。它包含了人类社会各领域内的海量信息，在大数据集的面前，所有人都可能成为"透明人"。基于如此全面的数据信息，通过人工智能算法强大的算力和分析挖掘能力，通过一系列的预测、联想和重构，就能够从大数据中挖掘出不可知的属性，从而使合法的、客观中立的数据组合在一起却呈现出敏感信息。例如，算法可以从符合个人隐私保护标准的数据中发现表征数据主体身份属性的信息，能够在很大概率上对用户进行高精确率的"画像"，进而辨别不同个体，进行分类服务或产生歧视性偏见，这种现象就叫作"冗余编码"。这种技术目前已经很普遍，不存在很高的技术壁垒，因此一旦被反华势力、极端组织利用，将给国家安全及人民生命财产安全带来巨大的未知风险。

从域外来看，当前各地越发重视数据的安全价值，并构建了一系列防范与规制体系。欧盟《一般数据保护条例》[①]（又称《通用数据保护条例》，以下简称 GDPR）采用"属地+属人+保护"原则，根据其第三条的规定，主要适用于在欧盟内部设立的数据控制者或处理者，无论其处理行为是否发生在欧盟境内。如果存在以下几种情况，即使控制者和处理者没有设立在欧盟境内，GDPR 同样适用：（1）向欧盟境内数据主体提供商品和服务的（不论该商品或服务是否需要支付对价）；（2）监控数据主体在欧盟境内行为的；（3）对个人数据的处理由欧盟境外控制者进行，但根据欧盟成员国法律可以通过国际公法适用于该控制者所在地的。

因此，只要数据的处理是在数据的控制者或处理者设在欧盟的连结点的业务范围内，不论数据的实际处理是否发生在欧盟范围内，该数据处理行为均受到 GDPR 规范。这种连结点可以是分公司、办公室，甚至是一个位于欧盟的雇员，只要这种连结点是稳定的，GDPR 都有可能适用于数据

① 该条例文本参见：https：//eur-lex. europa. eu/legal-content/EN/TXT/? uri=CELEX%3A02016R0679-20160504&qid=1532348683434，最后访问时间：2021 年 11 月 18 日。下略。

的控制者或处理者，即便这个连结点并不实际参与数据的处理。GDPR 的这种设计主要基于监管者的立场，强调有关责任主体主动规范数据处理的行为。数据使用“原则上禁止，有合法授权时允许”。法案要求不论数据控制者、处理者及其处理行为在欧盟境内还是境外，只要处理的是欧盟境内居民的数据，均适用此法案。

一些国家已开始布局将数据主权从物理边界转向技术边界，积极划定利益范围，建立利于自身的数据处理规制体系，最大限度地保障自身利益与安全。在此背景下，我国也进一步完善相关法律法规，在愈加频繁的数据跨境流动中维护我国国家利益，保障国家安全。

《中华人民共和国数据安全法》不仅解决了国内数据安全管理的问题，还为数据出境、跨境合作设计等相关规则制定了策略。相信在未来，我国还将出台一系列法规以衔接和辅助本法的实施，构建起完善的数据主权与安全法规体系。

二、调整对象范围

在规制客体的法律性质上，本条规定适用范围是“在中华人民共和国境内开展数据处理活动及其安全监管”。从法律性质上来看，“数据处理活动”与“安全监管”都是行为而非权益、权利或者义务，即本法的主要调整对象是此类行为。

本法第三条对“数据处理”这一行为进行了界定即“包括数据的收集、存储、使用、加工、传输、提供、公开等”。该界定采用了“列举+兜底”的立法技术，将目前已知且常见的数据处理行为予以法律上的确认，同时通过运用“包括”“等”的定义方式为国家将来进一步通过司法或行政解释的方式予以补充和完善预留了空间。

究其原因，《中华人民共和国数据安全法》应是采用了以行为规制为代表的“实质主义”范式，着重突出行为约束法的法律特征。① 当前，我国数据安全治理面临一定困境。首先，数据权属存在争议，数据产权无法精准确立。具体来说，不同类型的数据在权利内容上存在差异，且数据全生命周期链条上参与者众多，数据权利不完全归属于同一个主体，数据主体的不同导致利益诉求的差异性，从而引发数据权利的冲突。其次，数据活动场景复杂，数据安全监管效能难提升。互联网技术日新月异，数据处理环节繁杂众多，且跨境监管没有统一国际标准，因而实现数据安全监管全覆盖、进行数据安全监管定责以及开展数据跨境流动安全监管的难度都

---

① 参见许可：《数据权利：范式统合与规范分殊》，载《政法论坛》2021 年第 4 期。

较大①。

可以看出，无论是通过传统物权或设置新型财产权的物权保护思路还是通过著作权和商业秘密的知识产权保护思路都面临较大困境，以赋权模式为代表的“形式主义”之路尚需进一步探索。与之相对应，行为规制则着眼于对数据处理的行为予以有效规范，放弃争议不休的数据确权，搁置产权争议，从国际数据主权、国家安全、企业利益、公民利益等角度出发，建构我国数据安全保护与发展利用的行为准则。

近年来，我国司法界多采用行为规制的方式处理与数据相关的诸多纠纷。在民事方面，司法界选择在既有的反不正当竞争框架下寻求纠纷解决之道，在现有案例中法院多采用反不正当竞争法第二条的原则性条款作为裁量依据，在权益保护和产业发展的前提下，对实践中的各方权益予以平衡。在刑事方面，2009 年刑法修正案（七）第九条设立“非法获取计算机信息系统数据罪”，通过打击非法获取数据的行为维护社会秩序，保障主体权益。

通过行为规制，所有符合数据处理活动的主体均需要满足或者履行数据安全义务，适用主体的范围就变得灵活且广泛，不再需要通过文字予以列举，避免了专门解释和划定主体所可能面临的立法空白。同时，从域外角度来看，凡是以中国公民为数据处理对象，或者数据处理活动对中国可能产生实际影响的境外主体，亦需履行中国法下的数据安全义务，这为跨国企业面向中国提供服务、在境外开展数据处理活动提供了管辖连结点。

【适用指南】

企业开展数据活动时，应同时注意两点：

1. 判断自身所开展业务属于数据产业链条的哪一环节、是否属于数据处理活动，如果属于数据处理活动，则应严格按照本法规定履行义务，主动合规。

2. 对于组织机构不在中国，但只要其数据处理活动与中国国家安全、公共利益或者公民、组织合法权益相关的，就必须主动履行本法所规定的义务，不得损害中国的国家利益、公共利益及公民、组织的合法权益。

---

① 《数据安全治理白皮书》，载赛迪工业和信息化研究院官网，https：//www.ccid-group.com/info/1096/33214.htm，最后访问时间：2021 年 8 月 7 日。

【相关规定】

《中华人民共和国网络安全法》第二条;《中华人民共和国反不正当竞争法》第二条;《中华人民共和国国家安全法》;《中华人民共和国刑法修正案（七）》第九条。

第三条　【数据的内涵与外延】本法所称数据，是指任何以电子或者其他方式对信息的记录。

数据处理，包括数据的收集、存储、使用、加工、传输、提供、公开等。

数据安全，是指通过采取必要措施，确保数据处于有效保护和合法利用的状态，以及具备保障持续安全状态的能力。

【条文主旨】

本条是关于本法相关基本概念的规定，界定了数据的内涵与外延，明确了数据处理与数据安全的定义。

【条文理解】

一、数据

本条对于数据的界定具有里程碑式的典型意义，从法律层面对数据做了全面的界定与解释，不仅包括《中华人民共和国网络安全法》第七十六条中所规定的“网络数据”和“个人信息”，还将“其他所有形式的信息”纳入了规制范围，例如纸质载体所记录和承载的数据，极大地拓宽了数据的范围，克服了其他定义中边界不明的缺陷。

在数据安全法草案二审稿中，本条对数据的界定为“本法所称数据，是指任何以电子或者非电子形式对信息的记录”。可以看出，二审稿所使用的表述为“电子或者非电子”，其界定始终在围绕“电子”这一载体。在实践中，“非电子形式”这一范围如何界定将会引发争议和讨论，使得法律实施难以进行，造成法律资源的浪费。

正式的法律表述考虑得更加全面，注意到了数据载体的多元性，改变了将数据更贴近解释为“电子数据”的立法习惯。一方面，朝着技术未来的方向看，进入人工智能和大数据时代，技术在此前积累的基础上开始呈现爆发式的指数级增长，技术研发日新月异，技术应用瞬息万变，数据在数年后将以何种形式存在以及将以何种载体存在都无法预测，因而以“电子”作为数据界定标尺的做法在未来将面临被颠覆的风险，对新技术、新业态、新现象的出现无法起到规制作用，“其他所有形式的信息”能够扩大法律的保护范围，适应当代社会信息安全的要求；另一方面，朝着技术过去的方向看，世界上尚存在很多其他形式的数据载体，如纸张、胶卷、唱片等等，这些看似“原始”的技术尚未退出我们的生活，尤其是纸张，虽然近年来各国都在推行电子文件，但纸质文件仍然是当前的重要载体，纸质书籍、纸质票据、纸质卷宗、纸质档案等，存在于我们生活的方方面面，其上所承载的数据同样蕴含巨量的信息。

事实上，理论界与实务界一直以来对“数据”的定义存在较大的争议。在本法出台之前，很多法律、法规及规章中都提及了“数据”的概念，例如《中华人民共和国民法典》第一百二十七条规定：“法律对数据、网络虚拟财产的保护有规定的，依照其规定”；《中华人民共和国网络安全法》第七十六条规定：“……网络数据，是指通过网络收集、存储、传输、处理和产生的各种电子数据……”这里更多强调的是“网络数据”的概念；《中华人民共和国电子商务法》第二十五条规定：“有关主管部门依照法律、行政法规的规定要求电子商务经营者提供有关电子商务数据信息的，电子商务经营者应当提供。有关主管部门应当采取必要措施保护电子商务经营者提供的数据信息的安全，并对其中的个人信息、隐私和商业秘密严格保密，不得泄露、出售或者非法向他人提供。”但是，到底何为“数据”，尚没有形成统一的认识。

在域外方面，欧盟的 GDPR 第四条第一款规定，“个人数据”是指任何指向一个已识别或可识别的自然人（“数据主体”）的信息。该可识别的自然人能够被直接或间接地识别，尤其是通过参照诸如姓名、身份证号码、定位数据、在线身份识别这类标识，或者是通过参照针对该自然人一个或多个如物理、生理、遗传、心理、经济、文化或社会身份的要素。可见其趋向也包括除电子信息外的其他形式的信息。

此外，“数据”与“信息”之间的区分也一直是法学界历来讨论的焦点，在现有研究中，主要有三种不同的观点：[①] 第一，“数据=信息”。数据和信息具有天然的共生性和一致性，部分国家立法混用“数据”与“信

---

① 许可：《数据安全法：定位、立场与制度构造》，载《经贸法律评论》2019 年第 3 期。

息”概念。第二，“数据>信息”。数据是信息的载体，其上承载着信息，只有经过分析和挖掘才能成为信息。其三，“数据<信息”。梅夏英教授在《数据的法律属性及其民法定位》一文中指出：“信息的外延大于数据。数据只是信息表达的一种方式，除数据外，信息还可以通过其他方式来表达。亦即信息因其内容而具有意义，但这些具有特定意义的信息并不仅仅由数据来传播。”① 此次《中华人民共和国数据安全法》的出台，区分了“数据”和“信息”，明确了数据是通过不同形式对信息的一种记录，换言之，数据是信息的载体，数据的外延应大于信息。

二、数据处理

从数据处理的定义上看，采取了“列举+兜底”的方式将数据全生命周期的相关活动都纳入了规制范畴，与个人信息全生命周期保护的理念一致，并不局限于实践中关注度相对较高的收集行为。

在纵向比较方面，此前的本法草案一审稿中，“数据处理”被规定为“数据活动”，其定义为“数据的收集、存储、加工、使用、提供、交易、公开等行为”，相较于本法草案二审稿和正式法条，忽略了“传输”这一环节。在数据流通利用的过程中，数据传输环节极易产生安全风险，数据泄露、黑客攻击、过度爬取以及数据黑产现象层出不穷，不仅会严重侵犯各主体的合法权益，更会如同“野蛮人”一样破坏产业生态，损害安全利益，因而传输环节的数据安全不容忽略，在正式法条中加入“传输”也是应有之义。

在横向比较方面，根据《中华人民共和国民法典》第一千零三十五条规定，个人信息的处理包括个人信息的收集、存储、使用、加工、传输、提供、公开等。可以看出，相较于《中华人民共和国数据安全法》，《中华人民共和国民法典》中并未将“交易”纳入规制范围，在当前促进数据作为重要生产要素的大背景下，这一规定显然需要其他法律予以补充。不过，从当前实践情况来看，数据的权属引发了各方主体的争夺，其权利（益）的分配尚未找到较为合理公平的范式，因而数据交易的前提与基础并不充分具备，还需要在理论和实践中进一步探索积累经验。在这一点上，GDPR 也未将交易纳入规制范畴，其规定“处理”是指针对个人数据或个人数据集合的任何一个或一系列操作，诸如收集、记录、组织、建构、存储、自适应或修改、检索、咨询、使用、披露、传播或其他的利用，排列、组合、限制、删除或销毁，无论此操作是否采用自动化的

---

① 梅夏英：《数据的法律属性及其民法定位》，载《中国社会科学》2016 年第 9 期。

手段。

三、数据安全

本条对数据安全采用了行为要求和效果要求的方式。其中，行为要求是指“采取必要措施”，这里的“必要措施”应包括技术及其他方面，目前尚未明确。参考《中华人民共和国电子商务法》，网络服务提供者可采取的必要措施包括但并不限于删除、屏蔽、断开链接等，“必要措施”应遵循审慎、合理的原则；参考《网络产品安全漏洞管理规定》第七条，网络产品提供者应当履行下列网络产品安全漏洞管理义务，确保其产品安全漏洞得到及时修补和合理发布，并指导支持产品用户采取防范措施：（一）发现或者获知所提供网络产品存在安全漏洞后，应当立即采取措施并组织对安全漏洞进行验证，评估安全漏洞的危害程度和影响范围；对属于其上游产品或者组件存在的安全漏洞，应当立即通知相关产品提供者。（二）应当在 2 日内向工业和信息化部网络安全威胁和漏洞信息共享平台报送相关漏洞信息。报送内容应当包括存在网络产品安全漏洞的产品名称、型号、版本以及漏洞的技术特点、危害和影响范围等。（三）应当及时组织对网络产品安全漏洞进行修补，对于需要产品用户（含下游厂商）采取软件、固件升级等措施的，应当及时将网络产品安全漏洞风险及修补方式告知可能受影响的产品用户，并提供必要的技术支持。

“效果要求”为“确保数据处于有效保护和合法利用的状态，以及具备保障持续安全状态的能力”。

【适用指南】

1. 关注数据加工传输环节的合规。对于仅提供技术服务，自身不采集数据，亦不留存数据的科技企业而言，数据收集环节的合规性反而可能不是其关注的重点，数据加工、传输等环节的合规性和安全性显得更为重要。

2. 关注其他形式的数据合规。对于大部分平台型企业而言，大部分数据都是以电子形式存在的，但根据《中华人民共和国数据安全法》的要求，在关注网络数据安全的同时，亦需要对纸质文档等非电子载体上的数据予以重视。

3. 关注“必要措施”。“必要措施”应当在后续的相关立法中予以明确，企业应对此保持关注并按照要求建立常态化的必要措施体系。

4. 关注个人信息合规。《中华人民共和国数据安全法》所指向的数据具有宏观性，而非具体到某一领域或某一类型的数据，企业应结合自身业务关注领域内相关立法。随着个人信息保护法的出台，企业应注意个人信息保护合规。

【相关规定】

《中华人民共和国网络安全法》第七十六条；《中华人民共和国民法典》第一百二十七条；《中华人民共和国民法典》第一千零三十五条；《中华人民共和国电子商务法》第二十五条；《网络产品安全漏洞管理规定》第七条。

第四条　【总体国家安全观】维护数据安全，应当坚持总体国家安全观，建立健全数据安全治理体系，提高数据安全保障能力。

【条文主旨】

本条是关于总体国家安全观在本法中处于指导地位的规定。

【条文理解】

国家安全是安邦定国的重要基石。2015 年 1 月 23 日，中共中央政治局召开会议，审议通过《国家安全战略纲要》。会议强调，在新形势下维护国家安全，必须坚持以总体国家安全观为指导，坚决维护国家核心和重大利益，以人民安全为宗旨，在发展和改革开放中促安全，走中国特色国家安全道路。① 2015 年 7 月 1 日，全国人大常委会通过了《中华人民共和国国家安全法》，并于该法第三条明确要求国家安全工作应当坚持总体国家安全观。

总体国家安全观既包括传统安全，也包括非传统安全，是集政治安全、国土安全、军事安全、经济安全、文化安全、社会安全、科技安全、网络安全、生态安全、资源安全、核安全、海外利益安全、生物安全、太空安全、极地安全、深海安全等于一体的国家安全观。② 从具体类型上看，

---

① 《国家安全战略纲要》，载人民网，http：//politics. people. com. cn/n/2015/0125/c1001-26445047. html，最后访问时间：2021 年 11 月 9 日。

② 刘跃进：《统筹传统安全和非传统安全》，载《光明日报》2020 年 11 月 23 日。

"信息安全"与"数据安全"联系较为紧密。有学者指出，数据作为信息的载体，蕴含了重要的情报价值，据此可以对特定领域的发展趋势进行判断，对国家安全和公共利益具有巨大影响力。① 因此，保护数据安全亦即保护信息安全。从总体上看，除了信息安全外，数据安全与其他类型的国家安全亦息息相关。各类国家安全的维护均离不开对特定数据内容的处理，如果数据安全保障工作没有做好，则可能导致国家安全得不到妥善保护。随着数字技术的发展，看似无关的数据内容也可能对国家安全产生威胁。对不属于国家秘密的数据进行整合、加工、分析，也可能达到获取国家秘密的效果。因此，如果不以总体的、全局的视角指导和规范数据处理活动，只能是杯水车薪，无法达到维护数据安全乃至国家安全的效果。

而建立健全数据安全治理体系，则是基于总体国家安全观应有之措施。有学者指出，总体国家安全观具有整体性这一重要特点，只有在整体性的视野和应对之下，才能把握国家各类安全要素之间的联系和作用。②

在国家安全内涵和外延均较过去更丰富，且各行各业的数字化水平均较过去更高，数据安全风险较过去更大的前提下，仅凭过去传统的国家安全部门或信息管理部门来维护数据安全，数据获取存在一定滞后性，数据处理成本较高，并可能与负责管理特定领域的部门在职能上产生重合或冲突。仅仅由国家安全部门或信息管理部门对数据安全进行监管显然不切实际。从整体上来看，将特定行业、特定领域的数据安全监管职责分配给该行业、该领域的主管部门，具有以下优势：一方面这些主管部门长期以来对该行业、该领域了解较为深入，对其可能存在的风险有着较高的敏感度，另一方面这些主管部门也与该行业、该领域监管对象联系较为紧密，获取和处理数据成本较低。因此，数据安全法于第六条对各地区、各行业、各领域的各个部门所应承担的数据安全监管职责进行了划分。在分配数据安全监管职责的同时，数据安全法第五条规定由中央国家安全领导机构负责决策和议事协调，从整体上对数据安全工作进行统筹，以防止群龙无首，工作难以开展。

在数据要素市场化的当前，不少可能涉及国家安全的数据由企业掌控。对于这部分数据来说，如依靠国家安全部门或政府部门进行管理，管理成本较高，数据更新未必及时，对企业日常经营运作也可能产生不良影

---

① 苏桑妮：《从数据载体到数据信息：数据安全法益本位之回归》，载《西南政法大学学报》2020 年第 6 期。

② 王宏伟：《总体国家安全观视角下公共危机管理模式的变革》，载《行政论坛》2018 年第 4 期。

响。因此，数据安全法在赋予有关部门监管权力的同时，也鼓励企业通过参与标准制定，风险评估、防范、处置，开展相关教育和培训等方式共同参与数据安全保护工作。除此之外，数据安全法中所提及的数据治理主体还包括行业组织、科研机构和个人等。

数据安全法中关于“建立健全数据安全治理体系”的内容，除了将数据安全治理的主体体系化以外，在治理方式上亦体现了总体国家安全观的整体性特点。数据安全法中的数据安全治理，既包括对收集和产生的数据及其数据安全的管理，还包括数据安全知识宣传普及和教育培训、数据安全行为规范、团体标准和数据安全标准体系的制定，以及数据安全风险评估等。“维护数据安全”并不只是意味着对数据处理活动进行监管，亦包括在数据尚未诞生前所应采取的种种必要措施。通过体系化的治理方式，在全流程上对数据安全进行把控，方能最大限度降低数据安全风险，提高数据安全保障能力。

【适用指南】

对于企业来说，“坚持总体国家安全观”首先要求其在开展数据收集和处理活动中，应当依照数据安全法第二十七条及有关法律、法规的规定，履行数据安全保护义务；其次，不少数据及相应的数据处理活动乍看之下虽然与国家安全联系并不紧密，但这些数据在与其他数据进行整合、加工、分析之后，仍可能产生威胁国家安全的风险。因而，在总体国家安全观的视角下，企业应审慎对待数据安全维护工作，严格做好数据安全风险评估，采取相应的技术措施和必要措施，不可因数据暂时未涉及国家安全而放松对任一流程数据安全的管理。

【相关规定】

《国家安全战略纲要》；《中华人民共和国国家安全法》第三条。

第五条　【顶层设计】中央国家安全领导机构负责国家数据安全工作的决策和议事协调，研究制定、指导实施国家数据安全战略和有关重大方针政策，统筹协调国家数据安全的重大事项和重要工作，建立国家数据安全工作协调机制。

【条文主旨】

本条是关于中央国家安全领导机构对数据安全工作的决策和统筹协调等职责，加强对数据安全工作的组织领导的规定。

【条文理解】

一、中央国家安全领导机构

本条中的“中央国家安全领导机构”指中国共产党中央国家安全委员会。

2013 年 11 月 12 日，党的十八届三中全会通过的《中共中央关于全面深化改革若干重大问题的决定》指出，“设立国家安全委员会，完善国家安全体制和国家安全战略，确保国家安全”。2014 年 1 月 24 日，中共中央政治局召开会议，研究决定中央国家安全委员会设置。① 中央国家安全委员会作为中共中央关于国家安全工作的决策和议事协调机构，向中央政治局、中央政治局常务委员会负责，统筹协调涉及国家安全的重大事项和重要工作。

在国家安全法中，“中央国家安全领导机构”是指中国共产党中央国家安全委员会。数据安全法第五条与国家安全法具有高度的一致性，因而此处“中央国家安全领导机构”同样是指中央国家安全委员会。

二、中央国家安全领导机构负责决策、统筹和协调数据安全工作

《中华人民共和国国家安全法》第五条规定：“中央国家安全领导机构负责国家安全工作的决策和议事协调，研究制定、指导实施国家安全战略和有关重大方针政策，统筹协调国家安全重大事项和重要工作，推动国家安全法治建设。”而在《中华人民共和国网络安全法》《数据安全管理办法（征求意见稿）》等其他有关法律法规中，则均规定由国家网信部门负责协调统筹有关数据安全的工作。数据安全法第五条并未沿用由网信部门负责的规定，而是上升到了中央国家安全领导机构层面，与国家安全法保持高度一致。

数据安全法之所以作出如此规定，首先，是由于数据安全对于国家安

---

① 《中共中央政治局召开会议 研究决定中央国家安全委员会设置 审议贯彻执行中央八项规定情况报告》，载中国法院网，https：//tv. chinacourt. org/index. html，最后访问时间：2021 年 11 月 9 日。

全有着极其重要的作用。因此，由中央国家安全领导机构负责决策、统筹和协调数据安全维护工作全盘大局是必需的。

其次，相较于网络安全法和《数据安全管理办法（征求意见稿）》主要强调“网络”色彩，或个人信息保护法所侧重的“个人信息”，数据安全法所针对的客体是“任何以电子或者其他方式对信息的记录”，对数据内容、收集方式及记录形式均不作限制。如由国家网信部门负责决策、统筹和协调数据安全工作，则必然存在大量数据及相关主体不受网信部门的管辖。如扩张网信部门职能，亦可能与其他部门产生职能上的冲突。例如《科学数据管理办法》中所规定的“科学数据”，其采集生产、使用、管理活动不必然涉及互联网络；并且，该部分数据安全，过往由国务院科学技术行政部门牵头负责，亦不归属网信部门管理。数据安全法将数据安全工作的决策、统筹和协调上升到中央国家安全领导机构层面，既可降低出现部门职能重合或冲突的可能性，又可在需要多个部门协作完成工作时进行协调安排，便于高效开展数据安全相关工作。

回顾数据安全法草案一次审议稿及二次审议稿可发现，最终颁布施行的数据安全法第五条作出了如下修改：一是将“负责数据安全工作的决策和统筹协调”修改为“负责国家数据安全工作的决策和议事协调”，二是在该条末尾增加“统筹协调国家数据安全的重大事项和重要工作”，三是增加“建立国家数据安全工作协调机制”。将该条款内容与国家安全法第五条进行比较可发现，前两处修改主要是为了统一数据安全法与国家安全法关于中央国家安全领导机构职责的表述，而第三处修改则明确了国家数据安全工作协调机制的建立，并与数据安全法第三章内容相衔接：2021年6月7日，《全国人民代表大会宪法和法律委员会关于〈中华人民共和国数据安全法（草案）〉审议结果的报告》中指出：“数据安全工作涉及面广，应当建立相应的协调机制，加强对数据安全工作的统筹……建议对草案二次审议稿作以下修改：一是在中央国家安全领导机构的规定中增加‘建立国家数据安全工作协调机制’；二是明确国家数据安全工作协调机制在制定重要数据目录、加强数据安全风险分析预警等方面的统筹协调职能。”① 另外，这一表述也与生物安全法第十条及国家情报法第三条表述保持一致。

---

① 《全国人民代表大会宪法和法律委员会关于〈中华人民共和国数据安全法（草案）〉审议结果的报告》，载中国人大网，http://www.npc.gov.cn/npc/c30834/202106/a2292e20dfa-743febe23b01fa6aa330b.shtml，最后访问时间：2021年11月9日。

关于该条款的适用，可参见本书中本法第二十一条及第二十二条有关内容。

【相关规定】

《中华人民共和国国家安全法》第五条。

第六条　【责任主体及各部门分工】 各地区、各部门对本地区、本部门工作中收集和产生的数据及数据安全负责。

工业、电信、交通、金融、自然资源、卫生健康、教育、科技等主管部门承担本行业、本领域数据安全监管职责。

公安机关、国家安全机关等依照本法和有关法律、行政法规的规定，在各自职责范围内承担数据安全监管职责。

国家网信部门依照本法和有关法律、行政法规的规定，负责统筹协调网络数据安全和相关监管工作。

【条文主旨】

本条是关于不同部门在维护数据安全方面的职责的规定。

【条文理解】

一、不同部门对特定范围数据安全的监管职责

数据安全法第六条包括两个方面的内容。该条第一款主要针对各级政府对其在开展工作过程中所收集和产生的数据及数据安全所应承担的责任。该条第二至四款则为不同主管部门所应承担的数据安全监管职责，因各个主管部门所承担的监管职责具有一定差异，故分为三款进行规定：

第二款内容涉及工业、电信、交通、金融、自然资源、卫生健康、教育、科技多个主管部门，且为不完全列举。与第六条第三款或第四款不同，第二款涉及较为具体的多个行业或领域，事关国计民生方方面面。

第三款规定了公安机关及国家安全机关所承担的数据安全监管职责。国家安全法第四十二条规定："国家安全机关、公安机关依法搜集涉及国家安全的情报信息，在国家安全工作中依法行使侦查、拘留、预审和执行

逮捕以及法律规定的其他职权……”第五十二条规定：“国家安全机关、公安机关、有关军事机关根据职责分工，依法搜集涉及国家安全的情报信息……”与前款所列举的部门不同，公安机关及国家安全机关在维护我国数据安全和国家安全过程中并不仅针对特定的行业和领域，而是面向一切组织和个人。

第四款沿用了我国网络安全法第八条“国家网信部门负责统筹协调网络安全工作和相关监督管理工作”的表述，对国家网信部门的数据安全监管职责进行了规定。现阶段各类主体的数据处理活动往往需要运用互联网技术或互联网工具，因此，与以往局限于互联网产业不同，第四款中国家网信部门的监管对象与第三款中国家安全机关或公安机关类似，面向一切组织和个人。但与第三款不同的是，数据安全法第六条第四款聚焦于“网络数据安全和相关监管工作”；对于不涉及互联网的数据处理活动，不受国家网信部门监管，但仍可能会受到公安机关及国家安全机关监管。

二、本条历次修改内容

数据安全法草案一次审议稿及二次审议稿中该条第一款表述为“各地区、各部门对本地区、本部门工作中产生、汇总、加工的数据及数据安全负主体责任”，在最终颁布施行的数据安全法中，该条款被修改为“各地区、各部门对本地区、本部门工作中收集和产生的数据及数据安全负责”。在第一处修改中的“产生、汇总、加工”均为数据的来源，但综观数据安全法历次审议，其他各条款中均未出现相同表述；为与其他条款保持一致，在最终颁布施行的数据安全法中，将此处修改为“收集和产生”。另外，从我国现有的法律法规表述来看，“主体责任”一词多见于各类与安全生产相关的内容中，而在“数据安全”的语境下则多用“负责”一词。

数据安全法草案一次审议稿中所提及的“行业主管部门”包括“工业、电信、自然资源、卫生健康、教育、国防科技工业、金融业等”。诚然，国防建设是国家安全的重要保障，在国家安全的语境下理应强调国防建设；但在该条款中，“国防科技工业”是否仍属于“工业”之范畴？将“国防科技工业”与“工业”并列，在表述上仍有瑕疵。因此，在二次审议稿中，“国防科技工业”被删去，主管部门被调整为“工业、电信、交通、金融、自然资源、卫生健康、教育、科技等”。最终公布施行的数据安全法第六条第二款沿用了二次审议稿的表述。

草案二次审议稿及正式法条相较于一次审议稿还有以下几处修改：

首先，草案二次审议稿在“工业”和“电信”之后增加了“交通”。

在社会大众认知中，交通数据如特定地点的位置、特定时段某些道路的车流量等，往往是作为调整出行策略或进行交通规划的辅助参考。然而，因数据具有外部性，故交通数据在非“交通出行”的场合下亦具有其重要的价值。例如，如果某主体掌握了某些军事管理区、国防科工单位或重要党政机关等敏感区域的地理信息、不同时间段内的人员流量或车辆流量等数据，则可能由此推断出这些敏感区域工作人员的作息规律，如别有用心地使用这些数据，则可能造成危害国家安全、公共利益或者个人、组织合法权益的后果。所以，在数据安全法中明确交通主管部门对于有关数据安全的监管职责是极有必要的。

其次，明确了科技主管部门的监管职责。数据处理活动贯穿科研全过程，我国《科学数据管理办法》第二条载明，科学数据“主要包括在自然科学、工程技术科学等领域，通过基础研究、应用研究、试验开发等产生的数据，以及通过观测监测、考察调查、检验检测等方式取得并用于科学研究活动的原始数据及其衍生数据”。大量科学数据与国家安全密切相关，但数据安全法草案一次审议稿中的“国防科技”之重点在于“国防”，对于非国防相关的科学数据安全并未提及。草案二次审议稿规定的科技主管部门数据安全监管职责，既是对现有《科学数据管理办法》等规定的衔接，亦是更全面保障我国数据安全的应有之义。

另外，草案二次审议稿将“主管部门”修改为“主管部门”。之所以删去“行业”，其原因在于，虽然各个主管部门为了更好地进行监管而对各自的职能进行了一定的划分，且特定行业通常都会归口于某个具体的主管部门，但鉴于现实生活中各个领域并非完全割裂，特定行业所从事的业务也可能进入其他主管部门的管辖范畴。因此，特定行业的数据安全并非仅由该行业之“主管部门”进行监管。从实际情况来看，特定行业的数据安全监管往往同时由多个部门共同进行。例如，汽车行业在汽车设计、生产、销售、使用或运维等过程中所产生或收集的数据类型多样，既包括车主、驾驶人、乘车人或车外人员等各种个人信息，又包括涉及重要敏感区域的地理信息，还包括物流等反映经济运行情况的数据，以及其他多类数据。因此，与汽车数据安全相关的《汽车数据安全管理若干规定（试行）》，其经国家互联网信息办公室审议通过，并经国家发展和改革委员会、工业和信息化部、公安部、交通运输部同意方得以公布施行。

【适用指南】

企业在经营过程中应当做好数据合规工作。企业在开展数据处理活动以前，应当根据企业的经营范围及拟通过数据处理活动达到的目标，比对该行业或领域有关数据安全监管的规定，对自身数据处理活动进行风险评估及合规性审查。

同一数据对不同时期的不同主体具有不同的价值，特定某些数据在产生和被收集后可能出现某些一开始未曾设想的利用价值，企业为更高效地利用这些数据，可能会将数据挪作他用。虽然在这一情形中数据本身并未发生变化，但由于数据的使用场景发生了变化，企业应当对新场景下的数据处理活动进行新一轮的风险评估及合规性审查。

在此基础上，如企业在特定行业或领域具有较为成熟的数据治理经验，可向有关主管部门分享，助力推动数据安全保障规则体系的构建。反之，如若企业数据权益受到侵害，可根据侵害来源，向有关主管部门寻求帮助，以保障自身权益，降低企业的运营风险。

【相关规定】

《中华人民共和国国家安全法》第四十二条、第五十二条；《中华人民共和国网络安全法》第八条；《交通运输政务数据共享管理办法》；《中国银保监会监管数据安全管理办法（试行）》；《教育部机关及直属事业单位教育数据管理办法》；《科学数据管理办法》第二条。

第七条　【保护对象及目标】 国家保护个人、组织与数据有关的权益，鼓励数据依法合理有效利用，保障数据依法有序自由流动，促进以数据为关键要素的数字经济发展。

【条文主旨】

本条是关于数据安全法所保护的对象及维护数据安全期望达到的目标的规定。

【条文理解】

一、什么是“与数据有关的权益”

在数据安全法中，“合法权益”一词被多次提及，仅第一章就于第一条、第二条、第八条及第十二条等多个条款中出现。然而，综观整部数据安全法，“与数据有关的权益”却仅在第七条出现。当前，数字化转型正在整体上驱动生产方式、生活方式和社会治理方式的变革，覆盖社会生活的方方面面，各行各业均可谓“与数据有关”。从这一角度看，似乎难以对“与数据有关的权益”的范围进行确定。不过，如果从使用“国家保护个人、组织与数据有关的权益”的不同语境出发，对“与数据有关的权益”进行类型化区分，则仍有机会可一窥究竟。

（一）在数据处理的语境中

通常，特定数据从产生到运用的全流程大概会出现以下几类不同角色：

第一类主体是产生数据信息的个人或组织，例如特定软件的用户，用户在使用软件过程中被采集的个人信息等将成为后续数据处理的素材；

第二类主体则是处理数据的个人或组织，其将直接或间接地从数据的处理（或经处理数据所得到的信息）中获得利益；

第三类主体虽不参与数据处理过程，但同样从处理数据中获得收益，例如财经新闻报道的订阅者。一般来说，第三类主体与第一类主体具有一定的重合，许多个人和组织在产生数据的同时，也从已被处理的数据中获得所期望的信息。

在以上流程中，针对不同类别的主体，其各自“与数据有关的权益”又有所不同。对于第一类主体而言，“与数据有关的权益”往往指的是个人信息或商业秘密等自身利益；对于第二类主体而言，其往往指的是因处理数据而收获的各种利益；对于第三类主体而言，“与数据有关的权益”指的则可能是因数据的外部性所带来的利益。综合以上情况来看，在数据处理的语境下，“国家保护个人、组织与数据有关的权益”既可能指向特定主体的私权益，亦可能指向不特定主体的公共利益。

（二）在数据安全监管的语境中

对数据安全的维护离不开主管部门各司其职，故数据安全法第六条规定了各主管部门对于不同领域数据安全的监管职责。不过，良好的数字生态并非仅靠监督管理就能营造。在数据权益内容、边界和形式等尚未被确定，相关领域也未形成一套较为成熟完整的规则系统的当下，如若仅强调对于数据安全的监管，其结果可能是个人、组织与数据有关的权益受到限制，难以对数据进行有效利用，违背了数据安全法的立法目的，出现因噎废食的情况。

正如我国“十四五”规划纲要第十八章所提到的，应当“坚持放管并重，促进发展与规范管理相统一”。故在数据安全监管的语境中，“国家保护个人、组织与数据有关的权益”隐含了“不受超过必要程度限制”（亦即行政法中的“比例原则”）的意味。换言之，此时“与数据有关的权益”更多强调的是私权益。

二、强调“有效利用”之原因

任何数据收集和加工机制的设计均指向一定的目的，其所收集或加工的数据本身必然含有某些数据收集或加工者所需的信息或价值。并且，对数据进行收集、加工和存储虽然边际成本很低，但仍不为零，况且现实世界中存在海量的数据，有关主体显然不会随机地抓取任意数据进行处理。换言之，绝大多数数据会被处理的原因就是其有被利用的价值。那么此时为何仍要强调“有效利用”？

一个重要的原因是，数据的利用具有非排他性，即便是相同的数据，亦可同时被多方主体所使用。并且，相同的数据对于不同的利用主体来说，根据其需求、分析和使用方式的不同，其价值也可能存在差异。例如，对于特定园区不同时段在外卖软件下单数量的统计数据，饭馆可以就此决定备餐数量提前应对高峰客流，外卖员服务站可以调度配送人员以减少超时送达情况的产生，而外卖软件运营方则可以调整特定时间段部分饭馆的推荐顺序从而达到短期内高度曝光的效果。因对数据的利用具有非排他性，故不管是饭馆、服务站还是运营方对数据进行利用，均不影响另外任一方同时利用该数据。在这一例子中，如外卖软件运营方不将下单数量与饭馆和服务站共享，该数据仍能被运营方利用，但数据的利用效率，无疑也将降低。因此，数据安全法第七条规定的“鼓励数据依法合理有效利用”，亦是号召各方主体积极发掘数据潜在的价值。进一步讲，之所以需要“保障数据依法有序自由流动”，其原因亦在于通过确保数据得以为不同主体所利用，从而在多个方面充分发掘数据价值。

三、数据何以成为“关键要素”

2020 年 3 月 30 日发布的《中共中央、国务院关于构建更加完善的要素市场化配置体制机制的意见》明确，要加快培育数据要素市场，推进政府数据开放共享，提升社会数据资源价值，加强数据资源整合和安全保护。在该文件中，“数据”与土地、劳动力、资本和技术等传统要素并列为生产要素之一。

当前，数字经济快速发展，数字技术与实体经济融合越来越深，传统产业逐步数字化转型升级，新产业新业态新模式层出不穷。“十四五”规划纲要在第十六章描绘了这样的数字生活新图景：购物消费、居家生活、旅游休闲、交通出行等各类场景数字化，打造智慧共享、和睦共治的新型数字生活；建设智慧社区，依托社区数字化平台和线下社区服务机构，建设便民惠民智慧服务圈，提供线上线下融合的社区生活服务、社区治理及公共服务、智能小区等服务；数字生活体验丰富，数字家庭得到发展；信息无障碍建设帮助老年人、残疾人等共享数字生活。生产方式、生活方式和治理方式正随着越来越丰富的数据应用场景而发生变革，数据自然已经成为极具重要性的生产要素。

【适用指南】

1. 对数据进行处理时应避免损害其他个人、组织权益

由于数据具有一定的外部性，企业在处理数据之时并不能穷尽数据未来的具体用途，在这种情况下，企业应从避免损害其他个人、组织权益的角度出发，规范自身数据处理和利用行为，仅在最小限度内收集切实必要的数据，并在数据处理过程中实行严格管理，谨防数据安全风险。

2. 对数据“有效利用”之前提为“依法”“合理”

在一不正当竞争纠纷案中①，某度公司在其经营的某度地图中大量使用了某涛公司旗下某点评网的点评数据。乍看之下某度地图与某点评网之功能并不一致，而某度公司使用某涛公司数据的行为本身也不会妨碍某涛公司对自身数据的利用。然而，这一行为从长远来看会降低数据处理者日后收集、加工和提供数据等的积极性，不利于促进商业投入和产业创新，损害了市场竞争秩序，因而该行为并不能被认为是合理合法的。

企业在日常经营中，或许同样能从某些公开途径获得其他主体已经进行过一定处理的数据，且短期内对这些数据进行使用可能不会对其他主体产生影响。但是，企业仍应兼顾考虑数据处理者和自身的利益平衡，谨慎地审查利用数据的行为是否合理、合法，尽量避免涉嫌扰乱市场秩序行为的出现。

---

① 上海知识产权法院（2016）沪73民终242号民事判决书。

第八条　【数据处理活动之准则】开展数据处理活动，应当遵守法律、法规，尊重社会公德和伦理，遵守商业道德和职业道德，诚实守信，履行数据安全保护义务，承担社会责任，不得危害国家安全、公共利益，不得损害个人、组织的合法权益。

【条文主旨】

本条是关于数据处理活动所应遵循的准则的规定。

【条文理解】

一、对“社会责任”的强调

相比于“社会公德”或“诚实守信”等较为常见之表述，数据安全法第八条强调，开展数据处理活动，还应“承担社会责任”。一般而言，“社会责任”是指有关主体在谋求自身利益之外所负有的维护和增进社会效益的责任义务，如社会公益、环境保护、消费者权益保护等。除了数据安全法以外，在我国现行有效的法律当中，强调“社会责任”的法律总共有十一部。①纵观这些法律中有关社会责任的条款，多数旨在号召有关主体应诚实守信、接受社会监督，维护良好的社会秩序。作为例外的生物安全法及科学技术普及法，前者强调了新闻媒体应当对社会公众维护生物安全的社会责任意识予以增强，后者则强调了社会各界共同参与科普工作的重要性，从根本上说，仍是以维护和增进社会效益为目标。

从数据安全法的角度来看，此处强调“社会责任”有两重含义：一是有关主体在开展数据处理活动中应当避免社会效益被减损；二是应提倡有关主体在通过数据处理活动谋取自身利益的同时关注社会效益。

第一重含义与下文“不得危害国家安全、公共利益，不得损害个人、组织的合法权益”有重合之处。数据具有价值属性，且部分核心数据直接关系国家安全、国民经济命脉、重要民生、重大公共利益，在开展数据处

---

① 该数量为作者自己检索的结果，具体包括民法典、网络安全法、食品安全法、生物安全法、证券法、公司法、企业国有资产法、合伙企业法、科学技术普及法、旅游法、个人信息保护法。

理过程中，任何个人、组织如不保持审慎，很可能因此导致数据安全事故的发生，进而损害社会效益。

第二重含义则对开展数据处理活动的主体提出了更高的要求。由于数据具有外部性特征，有关主体所收集和处理的数据除了满足其自身需要外，同样可以在其他情境下进行使用以满足社会公众需求。在这种情形下，“承担社会责任”往往意味着有关主体要调整数据处理的方式，通过利用数据的外部性以满足社会公众的额外需求。例如，原本通信运营商统计通信大数据，旨在为客户提供更好的通信服务；但在特殊期间，这些大数据转而被用于判断特定通信设备、特定人员曾经到达、途径的地点或同程人员情况等，以支持溯源和精准防控。对于通信运营商而言，要更好支撑全国精准防控显然需要对其数据处理方式进行改变，其须为此承担额外成本；但从社会整体效益看，通信运营商的行为无疑是有益于社会的。

二、历次修改情况

本法草案二次审议稿对一次审议稿进行了两处修改。

一是将原有“法律、行政法规”改为“法律、法规”。相较于“行政法规”特指国务院颁布的规范性文件，“法规”外延更广阔，除了行政法规以外，还可指代地方性法规、经济特区法规等规范性文件。例如2021年7月6日颁布的《深圳经济特区数据条例》，其中大量内容与数据处理活动及数据安全联系紧密，不宜将其排除在数据处理活动所应遵循的准则之外。

二是将“不得损害公民、组织的合法权益”改为“不得损害个人、组织的合法权益”。本法草案二次审议稿的“个人”，范围显然大于“公民”。通常情况下，我国法律法规中所指“公民”，是指具有我国国籍的人。但在现实情况中，大量外国公民长期生活在我国境内，仅保护我国公民而不保护外国公民显然不切实际。与此同时，大量数据处理活动发生在海外，其所涉及的数据可能跟我国公民毫无联系；在这种情况下，数据处理活动不管以何种方式开展，均“不损害公民权益”，但其仍可能损害其他国家公民权利。而“不得损害个人权益”，由于并不作国别的区分，因此可保护不特定个人的权益，保护范围较广，更有利于规范数据处理活动。

数据安全法正式条文内容相较于本法草案二次审议稿又作了一处修改。

原“遵守商业道德”被修改为“遵守商业道德和职业道德”。之所以增加了“职业道德”，其原因在于原“商业道德”实际上所指代的范围较为狭隘。在不少情形中，数据往往伴随着商业交易的进行而流动，在该语境下，涉及数据安全的各方主体同时也是商主体，为确保交易能够顺利进行，显然应受商业道德规制；数据处理活动作为商业行为的组成部分，亦随之受到规制。但在其他的多数情况中，数据处理活动并非基于商业行为而展开，而是发生在特定部门、行业组织、科研机构或企业等主体中，数据处理活动是其中个别人员工作的组成部分。在这一语境下，数据处理活动与商业行为无关，并不受商业道德所规制。如有关人员在数据处理活动中未遵守职业道德，同样可能导致数据安全事故的发生。

【适用指南】

企业在运营过程中应做好以下几个方面的工作：

企业应当对可能与自身数据业务相关的法律法规及其他规范性文件进行梳理，并在运营过程中做好合规工作，以规避可能存在的风险；并且，在运营过程中做好相关宣传教育、制定行为规范，以确保有关工作人员具备基本的职业操守，防止其违规违法开展数据处理工作。在从事商事活动过程中，企业不得违背基本的商业伦理。

企业应当尽量开展避免任何可能危害国家安全、公共利益或损害个人、组织合法权益的数据处理活动。如企业在数据收集和处理过程中，发现特定活动可能产生以上后果，应及时采取措施防止发生数据安全事故，并上报有关主管部门。

此外，如社会公众具有某些迫切需求，且这些需求恰巧得以通过企业调整其数据收集或处理方式而被满足时，企业应积极承担起社会责任，维护和增进社会效益。

【相关规定】

《中华人民共和国网络安全法》第九条。

第九条　【宣传普及】国家支持开展数据安全知识宣传普及，提高全社会的数据安全保护意识和水平，推动有关部门、行业组织、科研机构、企业、个人等共同参与数据安全保护工作，形成全社会共同维护数据安全和促进发展的良好环境。

【条文主旨】

本条是关于数据安全宣传的重要意义的规定。

【条文理解】

一、开展数据安全知识宣传普及的必要性

各方面主体固然可以在发生数据安全事故后采取种种措施进行弥补，但要完全消除由此带来的影响则难度极高。故而在数据安全事故发生之前未雨绸缪是一个较为稳妥且成本较低的做法。我国虽然尚未形成一个统一完善的数据安全治理规则体系，但不管是国家层面、行业层面还是企业等个体层面，也已经出现了各种有关数据安全维护的规范性文件及运行规则。不过，文件本身只是一个静态的规定，数据安全的维护本身却是一个持续性的动态过程；因此，有关规定能否得到较好落实，关键还是要看数据安全维护工作的情况。

数据安全维护工作的开展有赖于各方面主体的共同努力。虽然数据安全法第六条明确了各级各政府部门的监管职责，但要实现数据安全全流程管理，仅靠这些政府部门很可能是强人所难。如若各方面主体均未具备一定的数据安全保护意识和必要的数据安全保护条件，有关部门也只能在事中和事后发挥作用。数据安全保护措施未能覆盖全流程，显然效果有限；即便在发生数据安全事故后及时采取补救措施，损害结果亦已然发生。为降低全社会数据安全风险，必须提高全社会的数据安全保护意识和水平。

为此，长期以来，我国开展了一系列有关数据安全的宣传普及工作。例如，2021 年 4 月 15 日是我国第六个全民国家安全教育日，活动主题为“践行总体国家安全观，统筹发展和安全，统筹传统安全和非传统安全，营造庆祝建党 100 周年良好氛围”，各政府部门、行业组织、企业和科研机构等充分运用线上或线下多种载体渠道广泛开展国家安全宣传教育，让社会大众树立国家安全意识，防微杜渐，在包括数据安全等非传统安全领域履行好自身义务，维护国家安全。

二、正式法条较草案一次审议稿和二次审议稿的完善

数据安全法最终确定的第九条条文，相较于草案一次审议稿和二次审议稿进行了两处修改。

第一处是将原本建立健全“协同治理体系”（草案一次审议稿）及“协作机制”（草案二次审议稿）改成“支持开展数据安全知识宣传普及，提高

全社会的数据安全保护意识和水平”。一次审议稿和二次审议稿的表述虽然同样具有“全社会共同维护数据安全”的意味，但并未对如何维护进行详细描述，从内容上看与之后的条文内容亦有重复，例如，第十条关于行业自治和第十二条关于社会监督的内容同样是全社会“协同治理”。修改后的第九条聚焦于数据安全的宣传普及，既有所侧重，又避免与其他条文存在内容重复。

第二处则是在参与数据安全保护工作的主体方面增加了“科研机构”。之所以作出这样的改动，一方面，科研机构通过观测监测、考察调查、检验检测等方式取得的科学研究数据可作为后续应用研究的支持，具有较高的价值，并且，部分科学数据本身内容就涉及国家机密，如科研机构本身数据安全保护意识不足，数据安全维护工作不到位，很可能引发严重的后果。另一方面，从整体制度设计上来看，如此修改也可以使数据安全法更好地同科学数据管理办法等过往有关文件相衔接。

【适用指南】

如今企业对于数据安全越来越重视，不少企业都出台了有关数据安全的内部规范或操作指南，但企业数据安全事故仍时有发生。在这些数据安全事故中，只有少部分是由外部原因造成；多数是因为企业员工数据安全意识不足、未按有关规定开展工作导致。电子邮件安全公司 Egress 在 2021 年 7 月 13 日发布的一项有关内部人员数据泄露的调查显示，在过去的一年中，有 94%的组织经历了内部人员数据泄露；84%的受访企业领导者表示，人为错误是造成数据安全事故的首要原因。①

由此可见，对于企业而言，要维护好自身数据安全，除制定维护数据安全的详细规定外，还应当提升企业工作人员的数据安全意识、有关知识及技能。例如，对新入职的员工开展数据安全教育培训，向其科普数据安全的重要性及在日常工作中所应采取的必要措施；在企业内定期或不定期开展数据安全培训及数据安全维护情况评估；在企业内各个区域张贴数据安全宣传海报、指引或标准规范；通过组织数据安全知识竞赛调动企业工作人员学习数据安全知识等。通过种种手段，提高企业全体工作人员数据安全意识和水平，培养企业数据安全文化，确保企业数据安全得到较好维

---

① “Egress：Insider Data Breach Survey 2021”，载 Egress 官网，https：//www.egress.com/media/4kqhlafh/egress-insider-data-breach-survey-2021.pdf，最后访问时间：2021 年 11 月 9 日。

护，减少发生数据安全事故的可能性。

【相关规定】

《中华人民共和国国家安全法》第七十六条；《中华人民共和国网络安全法》第六条、第十九条。

第十条　【行业自治】相关行业组织按照章程，依法制定数据安全行为规范和团体标准，加强行业自律，指导会员加强数据安全保护，提高数据安全保护水平，促进行业健康发展。

【条文主旨】

本条是关于数据安全领域的行业自治的规定。

【条文理解】

从表述上看，该条款与网络安全法第十一条保持了高度一致；而从内容上看，该条款与第九条“有关部门、行业组织、科研机构、企业、个人等共同参与数据安全保护工作”内容相衔接，对行业组织在数据安全保护工作中所具体发挥的作用进行了规定。

不管是网络安全法还是数据安全法均强调行业组织的作用，这有以下几方面原因：

第一，行业组织往往由特定产业的科研机构、企业和个人等组成，相较于有关主管部门，行业组织会员组成较为多样，不同会员的关注点也不尽相同，其对行业的了解更为细致，对行业变化也更为敏感，由此制定的行为规范和团体标准更符合特定行业实际情况。

第二，相较于特定科研机构、企业或个人而言，同样由于行业组织会员构成的多样性，其所制定的公约、规范或标准往往更适用于该行业中不同类别的大多数主体，该行业运行秩序更符合大多数主体的习惯和需求，可在一定程度上避免行业的运行规则由特定寡头决定。

第三，行业数据安全离不开行业各类主体的共同维护，由于有关行为规范和团体标准是由行业组织会员基于各自的现实情况共同制定，行业组织会员会有更强的积极性依照这些规范和标准开展数据安全维护工作。

第四，当前我国在数据安全保护方面尚未形成较为完备的法律体系，各个行业组织所制定的数据安全行为规范或团体标准，可在一定程度上规范特定行业内各类主体的数据安全保护工作，降低数据安全事故发生的概率，并逐步形成较为确定和通行的行业秩序。

此外，当前数字经济尚处高速发展阶段，一些领域发展方向尚不明朗，如果有关主管部门贸然制定运行规则，不一定能适应日后的社会情况，而如若频繁修法，亦可能有损其稳定性。在这种情况下，先由行业组织制定规范和标准，以此寻找和形成符合特定行业大多数主体需求的运行秩序，待整体运行情况较为明确再以法律法规或国家标准等形式进行固化，亦不失为一个稳妥的办法。

近年来，随着数字经济的发展，各类学会、协会或联合会等行业组织亦根据特定行业情况和行业主体需求，制定了诸多与数据安全相关的行为规范或团体标准。2020 年 11 月，工业和信息化部网络安全管理局指导中国互联网协会制定发布了《电信和互联网行业网络数据安全自律公约》，中国电信、中国移动、中国联通、阿里、腾讯、百度、京东、360、爱奇艺等 133 家基础电信企业和重点互联网企业签署了该公约。① 2021 年 4 月 28 日，中国科学技术法学会、中国法学交流基金会召开新闻发布会，与北京大学法学院/知识产权学院、北京大学粤港澳大湾区知识产权发展研究院、深圳市北鹏前沿科技法律研究院、北京北大英华科技有限公司和中国法律咨询中心等共同发布了《个人信息处理法律合规性评估指引》团体标准。② 2021 年 5 月 20 日，团体标准《数据安全治理能力评估方法》于 2021 数据安全治理论坛被发布。③ 2021 年 7 月 14 日，中国互联网协会联合互联网医疗健康产业联盟组织相关企业、医疗卫生机构等，签署了《医疗健康网络数据安全自律公约》。④

---

① 《加强数据安全行业自律 133 家企业签署〈电信和互联网行业网络数据安全自律公约〉》，载工信部官网，https://wap.miit.gov.cn/gyhxxhb/jgsj/wlaqglj/sjaq/art/2020/art_81e7ed02cea64f1eac695ff8d888adbb.html，最后访问时间：2021 年 11 月 9 日。

② 中国科学技术法学会：《个人信息处理法律合规性评估指引》，载全国团体标准信息平台，http://www.ttbz.org.cn/StandardManage/Detail/45778/，最后访问时间：2021 年 11 月 9 日。

③ 《〈数据安全治理能力评估方法〉团体标准正式发布》，载中国互联网协会官网，https://www.isc.org.cn/zxzx/xhdt/listinfo-39824.html，最后访问时间：2021 年 11 月 9 日。

④ 《59 家单位签署〈医疗健康网络数据安全自律公约〉》，载中国互联网协会官网，https://www.isc.org.cn/zxzx/xhdt/listinfo-40259.html，最后访问时间：2021 年 11 月 9 日。

【适用指南】

我国标准化法第十八条第一款规定：“国家鼓励学会、协会、商会、联合会、产业技术联盟等社会团体协调相关市场主体共同制定满足市场和创新需要的团体标准，由本团体成员约定采用或者按照本团体的规定供社会自愿采用。”从法律法规规定来看，不管是行业规范还是团体标准，均非企业在经营过程中所必须执行的强制性标准。

但这并不意味着企业可以无视特定行业行为规范或团体标准开展经营。当前数字经济发展迅猛，行为规范或团体标准可为企业指明当前业内热点问题、发展趋势及业内其他主体所认可的应对方法；企业对行为规范或团体标准的密切关注，可了解自身数据收集或处理活动中可能遇到的风险，提前采取一定的应对措施以减少数据安全事故发生的可能。

企业固然可以量身定制企业标准以保障其数据安全治理水平，但鉴于行业行为规范和团体标准由多方主体共同依法制定，其往往更具有普适性，且企业在经营过程中亦会同其他各类主体接洽，采用更具普适性的规则通常更有利于各类工作的开展和数据流通。因此，企业亦可根据自身需要，有选择性地加入和执行特定行为规范或团体标准。

在此基础上，企业还可积极参与到行业行为规范或团体标准的制定过程之中。正因为行业行为规范或团体标准的制定乃是经多方面主体讨论研究后诞生，所以其通常并不与某一具体企业的需求及利益完全吻合；在某些情况下，行为规范或团体标准甚至会与企业需求及利益背道而驰。在这种情况下，企业若执行有关规则，则自身利益也许会受到损害；若不执行有关规则，则又可能出现前文所述之不利后果，企业经营陷入被动。对此，企业可以主动参与到行业组织制定行为规范或团体标准的过程中，以降低前述情况发生的可能性，如若行为规范或团体标准在出台过程中已然与企业利益相悖，企业亦可以提早研究和制定对策，以防止造成更大损失。

【相关规定】

《中华人民共和国标准化法》第十八条。

第十一条 【国际合作】国家积极开展数据安全治理、数据开发利用等领域的国际交流与合作，参与数据安全相关国际规则和标准的制定，促进数据跨境安全、自由流动。

【条文主旨】

本条是关于国家对数据安全治理国际合作的支持的规定。

【条文理解】

鉴于当前数字经济在社会经济生活中覆盖广泛，本法草案一次审议稿和二次审议稿第十一条内容“国家积极开展数据领域国际交流与合作”中，“数据领域”内涵过于宽泛，缺乏针对性。因此，最终颁布的数据安全法在此处进行了修改和细化，重新聚焦到“数据安全治理、数据开发利用等领域”。

一、为何要在数据安全领域积极开展国际交流与合作

由于对数据的利用具有非排他性，且对于不同主体而言，数据具有的价值亦不尽相同，因此为充分挖掘数据潜在的价值，需要数据于不同主体之间自由流动。在全球产业数字化转型的当下，作为数字经济时代关键性的生产要素之一，数据进行大规模跨境流动已成为常态。

由于全球跨境数据流动的统一规则尚未形成，各国对于跨境数据流动的规定存在一定差异，数据的跨境流动可能受到阻碍，不利于数据价值的挖掘，影响企业的稳定运营。2019 年 6 月 13 日，国家互联网信息办公室发布了《关于〈个人信息出境安全评估办法（征求意见稿）〉公开征求意见的通知》，但该办法尚未正式出台。① 对于“走出去”而言，缺乏相应的规制机制，可能导致在数据流向其他国家的过程中泄露我国个人隐私、商业秘密乃至国家秘密；对于“引进来”而言，缺乏确定机制所带来的合规风险，亦可能不利于海外主体、海外资本和海外数据进入我国。

与此同时，部分国家为维护自身产业竞争优势，遏制其他国家发展，企图扩大本国管辖范围，意欲形成数据霸权，对其他国家的国家安全造成

---

① 《关于〈个人信息出境安全评估办法（征求意见稿）〉公开征求意见的通知》，载中国网信网，http://www.cac.gov.cn/2019-06/13/c_1124613618.htm，最后访问时间：2021 年 11 月 9 日。

影响。在这一时空背景下，“积极开展数据安全治理、数据开发利用等领域的国际交流与合作，参与数据安全相关国际规则和标准的制定”，既是对我国国家安全、国家利益的维护，亦是为与其他国家共同构建开放、公正、非歧视性的营商环境的必要举措。通过开展国际交流与合作，协同中国规则和国际规则，一方面，可以尽快确立双边或多边跨境数据流动机制，减少不确定性风险，在降低数据跨境流动阻碍、促进数据跨境流动、推进数字产业发展的同时，对部分关键敏感数据采取必要的限制措施；另一方面，亦可增强我国在数据安全治理、数据开发利用领域的国际话语权，抵御个别国家的“数据霸权”，实现各国互利共赢、共同发展。

二、我国在国际数据安全治理领域所开展的工作

从国内互联网产业开始起步至今，我国对相关产业的国际交流与合作高度重视，长期以来不断加大对网络安全和数据安全的投入，支持并积极参与有关国际合作。

我国多次组织或参与开展与不同国家的有关政府主管部门、学术机构、企业及行业组织等开展高规格对话交流活动，2015 年，我国与上海合作组织其他成员国共同向联合国大会提交“信息安全国际行为准则”更新案文。2016 年，中俄两国联合发布关于协作推进信息网络空间发展的联合声明。2017 年 1 月，国务院发布《中国的亚太安全合作政策》白皮书，其第六部分“中国参与地区非传统安全合作”对我国过去若干年来在网络安全治理方面开展的工作进行了总结与展示。2017 年 3 月，外交部和国家互联网信息办公室共同发布《网络空间国际合作战略》，进一步提出以和平、主权、共治、普惠四项基本原则推动网络空间国际合作。

2020 年 9 月 8 日，在“抓住数字机遇，共谋合作发展”国际研讨会高级别会议上，中方更是提出了《全球数据安全倡议》，呼吁各国政府、国际组织、企业、技术社群、民间机构和个人等各主体秉持共商共建共享理念，齐心协力促进数据安全。①

【适用指南】

企业在拓展海外市场，进行海外业务布局时，应当对有关国际数据安全规则和标准进行考察，既比对自身业务内容以确保符合国际通行规定，亦可以以此为基础构建起防御墙，减少日后自身数据权益被侵害的可能。

① 《全球数据安全倡议（全文）》，载新华网，http：//www. xinhuanet. com/world/2020-09/08/c_ 1126466972. htm，最后访问时间：2021 年 11 月 9 日。

在数据跨境流动越发频繁的当前，即便企业现阶段专注于国内业务发展，复杂的跨境数据流动仍可能发生，企业应对有关国际动向保持关注。

企业亦可积极参与有关规则和标准的制定。目前数字经济业态尚未有较为成熟的规则和标准体系，企业在参与规则和标准制定的过程中，既可以同步对自身合规性和数据安全风险进行审视，又可在一定程度上使有关规则和标准更为贴合自身经营环境，更好地保护自身数据安全。

【相关规定】

《网络空间国际合作战略》；《“十三五”国家信息化规划》；《“十三五”国家战略性新兴产业发展规划》。

第十二条　【投诉与举报机制】任何个人、组织都有权对违反本法规定的行为向有关主管部门投诉、举报。收到投诉、举报的部门应当及时依法处理。

有关主管部门应当对投诉、举报人的相关信息予以保密，保护投诉、举报人的合法权益。

【条文主旨】

本条是关于对违反数据安全法行为的投诉与举报机制的规定。

【条文理解】

一、任何个人、组织都有权进行投诉、举报

数字经济的持续发展，离不开一个长期稳定的数据环境。虽然数据安全法中有不少篇幅赋予了政府有关主管部门的数据安全监管职责，但即便有关主管部门采取全时监管策略，数据安全事故仍有发生的可能，且部分违反数据安全法规定的行为本身具有一定的隐蔽性，有关部门未必能够在第一时间发现。包括个人和组织在内的全体社会成员应该保持对数据安全的敏感性，如若发现疑似涉嫌违反数据安全法的情况应该及时处理，以此防微杜渐，方可在更大程度上降低严重的数据安全事故发生之可能性。数据安全法第九条所提及的全社会“共同参与数据安全保护工作”，亦正是构建数据安全和促进发展之环境的先决条件。

现如今，各个产业的数字化已经深入社会公众日常生活的方方面面，但不少个人或组织仍对自身与数字安全之关系的紧密程度抱有疑惑，认为自身难以接触到与数据安全有关的事物。诚然，这些个人或组织的确并不直接参与数据的处理，但由于数字生活的深化，个人和组织亦往往成为数据的生产者或数据处理结果的使用者，如各类电商平台的消费者或商家，往往都会成为电商平台的数据源，偏好性算法亦会量身定制地推送信息。任何个人、组织均与数据息息相关，均有可能成为数据安全事故的亲历者。因此，“任何个人、组织都有权对违反本法规定的行为向有关主管部门投诉、举报”。

二、有关主管部门有及时处理投诉、举报及对投诉、举报人的相关信息予以保密的义务

数据安全法第十二条对有关主管部门所赋予的义务分散于第一款和第二款中。

数据本身具有较强的外部性特征，且数据本身亦具有多个维度的价值。如发生数据安全事故，其可能在短时间内就产生极其严重的不良影响，并且这种影响还可能随着时间流逝进一步扩大和恶化。因为数据安全事故具有该种特征，所以如若有关主管部门在接到投诉或举报后没有第一时间进行处理，其结果将很可能是灾难性的。基于以上原因，第十二条第一款要求有关主管部门处理投诉、举报应具有及时性。

而对投诉、举报人的相关信息予以保密，则是保障投诉、举报机制得以生效的关键。从个案来看，投诉、举报人的相关信息，尤其是身份信息一旦被泄露，往往会使其遭到打击报复，对其生活造成重大影响；从社会整体来看，投诉、举报人在行使法定权利之后如果如履薄冰，得不到妥善保护，就难以寄望日后其他人遇见违反数据安全法事件时仍能有同样的勇气和动力进行投诉、举报，以维护我国数据安全。我国国家安全法第八十条规定：“公民和组织支持、协助国家安全工作的行为受法律保护。因支持、协助国家安全工作，本人或者其近亲属的人身安全面临危险的，可以向公安机关、国家安全机关请求予以保护。公安机关、国家安全机关应当会同有关部门依法采取保护措施。”

正因如此，数据安全法第十二条第二款规定了有关主管部门的保密义务，以保障投诉、举报人的合法权益。同样，我国《行政机关公务员处分条例》亦在第二十五条规定：“有下列行为之一的，给予记过或者记大过处分；情节较重的，给予降级或者撤职处分；情节严重的，给予开除处分：……（二）压制批评，打击报复，扣压、销毁举报信件，或者向被举报人透露举报情况的……”第二十六条又规定：“泄露国家秘密、工作秘密，或者泄露因履行职责掌握的商业秘密、个人隐私，造成不良后果的，给予警告、记过或者记大过处分；情节较重的，给予降级或者撤职处分；情节严重的，给予开除处分。”并且，涉嫌犯罪的，依法追究刑事责任；以此来防止有关主管部门工作人员泄露投诉、举报人的个人信息，保护投诉、举报人的合法权益。

【适用指南】

即便企业在运营过程中已经尽可能设置了合理的数据安全管理措施，有关工作人员亦尽职尽责地按照有关工作规范履行其数据维护义务，但仍不能避免企业自身数据安全会因为外部黑客攻击等其他不能预见的原因而陷入危险。为维护数据安全，防止企业合法权益被进一步侵害，除采取必要的技术手段防止侵权规模的扩大外，企业还应及时向有关主管部门投诉、举报。同样地，任何个人、组织在遇见危害数据安全的违法犯罪行为时，亦应当主动向有关机关进行举报，共同维护数据安全，形成数据发展的良好环境。

涉嫌网络违法犯罪的，有关人员除拨打“110”报警电话外，还可通过公安部网络违法犯罪举报网站（http：//www. cyberpolice. cn/wfjb/），对有关违法犯罪行为进行投诉或举报。另外，有关人员还可通过中央网信办违法和不良信息举报中心（https：//www. 12377. cn）、“网络举报”客户端、微信或微博“国家网信办举报中心”账号、“12377”举报热线或发送邮件至邮箱 jubao@ 12377. cn 进行投诉或举报。

涉嫌泄露个人信息的，有关人员可通过 12321 网络不良与垃圾信息举报受理中心（https：//12321. cn/）、12321 助手 App、“010-12321”投诉电话、微信或微博“12321 受理中心”账号和微信、手机 QQ 及支付宝的城市服务页面进行投诉或举报。

一旦数据安全事故涉嫌危害国家安全，有关人员还可通过国家安全机关举报受理平台（https：//www. 12339. gov. cn）、国家安全机关“12339”举报电话或前往有关单位投诉或举报。

除以上投诉、举报途径外，未来还将建立健全行业的投诉举报受理机制；在不久的将来，任何个人、组织遇见违反数据安全法及有关法律法规的行为时，将会有更为完善的投诉、举报机制。

【相关规定】

《中华人民共和国国家安全法》第八十条；《行政机关公务员处分条例》第二十五条。

案例解读

侵犯公民个人信息数据的法律责任

【案情简介】

最高人民法院于2019年11月20日公布了电信网络诈骗犯罪十个典型案例，其中第一个案例为陈文某等7人诈骗、侵犯公民个人信息案①，第二个案例为杜天某侵犯公民个人信息案。② 这两个案例有一个更广为人知的简称："徐某案"。

徐某为这两起案件中的受害人之一。

2016年8月，刚收到大学录取通知书的山东省某高三毕业生徐某，接到了自称是教育局的一通电话。对方声称，有一笔2600块钱的助学金要发放给她，不过需要办理一定手续。按照电话中的要求，徐某将准备交学费的9900元打入了对方所提供的账号。当晚发现被骗后，徐某和家人去派出所报了案。由于难过和自责，在报警回家的路上，徐某突然晕厥，后经抢救无效死亡。

高考考生因家中筹措学费被骗，悲愤之下引发猝死，引起了社会的广泛关注和强烈反应。2016年8月23日，公安部门成立专案组；8月26日下午，犯罪嫌疑人陈福某、郑金某、黄进某已被抓获，犯罪嫌疑人陈文某、熊某、郑贤某三人在逃，公安部发布A级通缉令缉拿此三人；8月26日晚上8点，犯罪嫌疑人熊某于福建被捕；8月28日，犯罪嫌疑人陈文某落网，犯罪嫌疑人郑贤某投案自首；9月2日，公安机关将杜天某抓获归案。③

---

① 山东省高级人民法院（2017）鲁刑终281号刑事判决书。

② 山东省临沂市罗庄区人民法院（2017）鲁1311刑初332号刑事判决书。

③ 《最高法发布电信网络诈骗犯罪典型案例》，载新华网，http：//www.xinhuanet.com/2019-11/19/c_ 1125248954.htm，最后访问时间：2021年11月9日。

【案例焦点】

近年来，电信网络诈骗类案件之所以频频发生，严重侵害广大群众的财产安全和合法权益，破坏社会的和谐与稳定，其原因在于，随着社会数字化进程的开展，大量的个人信息被收集；但与此同时，这些被收集起来的个人信息并未能得到很好保护，反而通过多种方式被泄露。而且，这些个人信息并未进行匿名化或去标识化处理，犯罪分子可以通过特定个人信息直接定位到具体人员，因此屡屡得逞。

【裁判要旨】

2017 年 6 月 27 日，陈文某等七人诈骗、侵犯公民个人信息案在山东省临沂市中级人民法院一审公开开庭审理。审理查明，2015 年 11 月至 2016 年 8 月，被告人陈文某等人交叉结伙，通过网络购买学生信息和公民购房信息，分别在多地冒充教育局、财政局、房产局的工作人员，以发放贫困学生助学金、购房补贴为名，以高考学生为主要诈骗对象，拨打诈骗电话，骗取他人钱款。拨打诈骗电话累计 2. 3 万余次，骗取他人钱款共计人民币 56 万余元。

2017 年 7 月 19 日上午，山东省临沂市中级人民法院对被告人陈文某等七人诈骗、侵犯公民个人信息案一审公开宣判，以诈骗罪判处被告人陈文某无期徒刑，剥夺政治权利终身，并处没收个人全部财产，以侵犯公民个人信息罪判处其有期徒刑五年，并处罚金人民币三万元，决定执行无期徒刑，剥夺政治权利终身，并处没收个人全部财产；以诈骗罪判处被告人郑金某有期徒刑十五年，并处罚金人民币六十万元；以诈骗罪判处被告人黄进某有期徒刑十二年，并处罚金人民币四十万元；以诈骗罪判处被告人熊某有期徒刑八年，并处罚金人民币二十万元；以诈骗罪判处被告人陈宝某有期徒刑七年，并处罚金人民币十五万元；以诈骗罪判处被告人郑贤某有期徒刑六年，并处罚金人民币十万元；以诈骗罪判处被告人陈福某有期徒刑三年，并处罚金人民币十万元；责令各被告人向被害人退赔诈骗款项。

2017 年 9 月 15 日，山东省高级人民法院委托临沂市中级人民法院宣判并送达了第二审刑事裁定书，裁定驳回陈文某、黄进某、陈宝某的上诉，维持原判。

2017 年 8 月 24 日，杜天某侵犯公民个人信息案于山东省临沂市罗庄区人民法院一审公开开庭审理。审理查明，2016 年 4 月初，被告人杜天某通过植入木马程序的方式，非法侵入山东省 2016 年普通高等学校招生考试信息平台网站，非法获取 2016 年山东省高考考生个人信息 64 万余条。后杜天某向陈某（另案处理）出售上述信息 10 万余条，非法获利 14100 元。判决被告人杜天某犯侵犯公民个人信息罪，判处有期徒刑六年，并处罚金人民币 6 万元，没收违法所得 14100 元及作案工具。

【专家评析】

2016 年 12 月制定出台的《最高人民法院、最高人民检察院、公安部关于办理电信网络诈骗等刑事案件适用法律若干问题的意见》，明确提出对造成被害人或其近亲属自杀、死亡或者精神失常等严重后果的，冒充司法机关等国家机关工作人员实施诈骗的，以及组织、指挥电信网络诈骗犯罪团伙的情形酌情从重处罚。2017 年 5 月颁布的《最高人民法院、最高人民检察院关于办理侵犯公民个人信息刑事案件适用法律若干问题的解释》，同样明确造成被害人死亡、重伤、精神失常或者被绑架等严重后果的，或是造成重大经济损失或者恶劣社会影响的情形，应认定为刑法关于侵犯公民个人信息罪规定中的“情节特别严重”。这些规定的出台，体现了我国对电信网络诈骗犯罪分子依法从严惩处的决心。可惜的是，纵然这些犯罪分子最终被依法追究刑事责任，但悲剧已然发生，对被骗学生及其家庭所造成的影响难以消弭。

在本案例中，陈文某等人之所以能够“精准”地对徐某等高考学生进行诈骗，离不开其所购买的个人信息数据。而这些数据，则是杜天某非法侵入山东省 2016 年普通高等学校招生考试信息平台网站窃取所得。杜天某作为从事信息技术工作的专业人员，却非法入侵招生考试信息平台，可见其法律意识薄弱，如有关主体事先加强该方面宣传教育，也许能避免悲剧的发生。此外，虽然本案例中个人信息泄露的直接原因是犯罪分子非法散播了木马病毒，但如若有关信息平台网站在运营过程中具有较高的数据安全意识和数据风险防范水平，提高犯罪分子非法获取个人信息的难度，并在数据泄露之后第一时间向有关部门报告，亦可减少出现数据安全事故的概率。收集和处理数据尤其是个人信息等重要数据的平台，在运营过程中必须时刻警惕，确保数据处于有效保护和合法利用的状态，保护个人、组织的合法权益，维护国家主权、安全和发展利益。

第二章　数据安全与发展

第十三条　【安全与发展相辅相成】 国家统筹发展和安全，坚持以数据开发利用和产业发展促进数据安全，以数据安全保障数据开发利用和产业发展。

【条文主旨】

本条是关于数据安全与发展二者在本法总体统筹定位中相互关系的规定。

【条文理解】

随着新兴技术的不断革新，数据的多维价值和巨大潜能日渐得以挖掘，对于国际社会发展、国家管理、社会治理、个人生活等方方面面均产生了重大而深刻的影响。在国际层面，各国对于数据主权之重视与日俱增，数据已然成为继知识产权之后的新型贸易壁垒；在国家层面，数据是基础性的战略资源，是社会经济发展的核心引擎；在社会层面，数据助力于智慧城市的建设，是社会结构升级换代和革新的内燃机；在企业层面，数据是经营决策和商业战略规划的重要依据，也是获得市场竞争优势的制胜法宝；在个人层面，数据已不单单是关乎个人隐私维度的人格利益，其使用价值和交换价值亦使财产性利益凸显。

数据带来了前所未有的时代发展机遇，但同时亦伴随着一系列不可忽视的挑战，其中最为重要的即数据安全。对此，党中央高度重视，在若干重要文件中均作出了重要部署和指示。2015 年 8 月，国务院发布《促进大数据发展行动纲要》，系统部署了大数据发展的顶层设计和统筹协调工作，强调了数据安全保障是促进大数据健康发展的主要任务之一。[①] 2016 年 11 月，国务院发布《"十三五"国家战略性新兴产业发展规划》，着重强调了强化大数据与网络信息安全保障的重要性，并规划建立大数据安全管理制度，制定大数据安全管理办法和有关标准规范，建立数据跨境流动安全保障机制。[②] 2020 年 3 月，《中共中央 国务院关于构建更加完善的要素市场化配置体制机制的意见》，提出要加强数据资源整合和安全保护，探索建立统一规范的数据管理制度，提高数据质量和规范性，同时制定数据隐私保护制度和安全审查制度。[③] 2020 年 9 月，对于国际社会普遍关心的数据安全问题，《全球数据安全倡议》是一套凝聚全球数据安全共识、符合全球共同利益、持续开放共享的中国全球治理方案。[④] 这一倡议受到国际社会的广泛重视，被称赞为"正确""务实""有吸引力""反映了各国共同关切"。2020 年 10 月，中国共产党第十九届中央委员会第五次全体会议审议通过了《中共中央关于制定国民经济和社会发展第十四个五年规划和二〇三五年远景目标的建议》，建议指出，加快数字化发展，建立数据资源产权、交易流通、跨境传输和安全保护等基础制度和标准规范，推动数据资源开发利用，同时要保障国家数据安全，加强个人信息保护。[⑤]

通过一系列的顶层设计，国家对数据安全和数据发展进行了统筹规划。在统筹机构层面，数据安全法规定，中央国家安全领导机构负责国家数据安全工作的决策和议事协调，研究制定、指导实施国家数据安全战略和有关重大方针政策，统筹协调国家数据安全的重大事项和重要工作，建立国家数据安全工作协调机制。在法律制度层面，数据安全法作为数据领域的基础性法律，与网络安全法、生物安全法以及个人信息保护法一起，共同构筑了由国家安全法统领的信息和数据安全领域的基本法律框架，为

---

① 《促进大数据发展行动纲要》，载中国政府网，http://www.gov.cn/xinwen/2015-09/05/content_2925284.htm，最后访问时间：2021 年 8 月 28 日。

② 《关于印发"十三五"国家战略性新兴产业发展规划的通知》，载中国政府网，http://www.gov.cn/zhengce/content/2016-12/19/content_5150090.htm，最后访问时间：2021 年 9 月 1 日。

③ 《中共中央 国务院关于构建更加完善的要素市场化配置体制机制的意见》，载中国政府网，http://www.gov.cn/zhengce/2020-04/09/content_5500622.htm，最后访问时间：2021 年 8 月 28 日。

④ 《中方提出〈全球数据安全倡议〉》，载新华网，http://www.xinhuanet.com/2020-09/08/c_1126465834.htm，最后访问时间：2021 年 8 月 28 日。

⑤ 《中共中央关于制定国民经济和社会发展第十四个五年规划和二〇三五年远景目标的建议》，载人民网，http://cpc.people.com.cn/n1/2020/1104/c64094-31917780.html，最后访问时间：2021 年 8 月 29 日。

落实我国的总体国家安全观保驾护航。数据安全法的出台，是推动数字经济高质量发展的重要举措，同时也标志着我国以数据安全保障数据开发利用和产业发展全面进入法治化轨道。

在国家对于数据安全和发展的整体统筹中，“安全”和“发展”二者的地位及其相互关系，是不可缺少的一部分重要内容。从数据安全法编纂的历史沿革可见，本条在数据安全法草案第一次审议稿和第二次审议稿中，均强调了“安全”和“发展”二者“并重”，但是在最后生效的法律文本中，却删掉了这一表述。由此可见，二者的地位和重要性，应在动态发展的视角下进行解读，而非一味强调二者的“齐头并进”。数据安全法坚持创新发展和确保安全相统一，安全应是根本、前提和基础，没有数据安全，也就没有国家安全。同时，“安全”和“发展”也是相辅相成的关系，一方面，应当坚持以数据开发利用和产业发展促进数据安全；另一方面，也应坚持以数据安全保障数据开发利用和产业发展。

首先，“以安全保发展”。本条规定“以数据安全保障数据开发利用和产业发展”，强调了数据安全的重要性。数据安全事关国家主权和国家安全，是数据开发利用和数据产业发展的前提，没有安全的“土壤”，便无法健康长出“发展”的果实。鉴于此，数据安全法第三章规定了诸如数据分类分级保护制度，数据安全风险评估、报告、信息共享、监测预警机制，数据安全应急处置机制，数据安全审查制度等一系列措施，竭尽可能地为数据的利用和数据产业发展创造一个安全、绿色和健康的环境。

其次，“以发展促安全”。本条规定“坚持以数据开发利用和产业发展促进数据安全”，强调了数据发展的必要性。当下，数据已不再是技术维度单纯理解的作为智能科研的重要“原料”，在数据自身特性和社会发展的相互作用下，数据被赋予了更为丰富和多元的时代期许，同时也获得了新的时代身份，成功进阶为新型生产要素。2020 年发布的《中共中央 国务院关于构建更加完善的要素市场化配置体制机制的意见》指出，要重视数据的价值，并加快数据要素市场的培育进程，推进政府数据开放的同时，提升社会数据资源价值，并加强数据资源的有效整合和数据安全保护。① 数据安全法鼓励数据依法有效利用，数据的高效开发，可以带动数据产业的发展，进而推动数字经济的高质量发展，增加社会和人民福祉，从而也能反作用于数据安全的实现。

---

① 《中共中央 国务院关于构建更加完善的要素市场化配置体制机制的意见》，载中国政府网，http：//www.gov.cn/zhengce/2020－04/09/content_ 5500622.htm，最后访问时间：2021 年 2 月 4 日。

【适用指南】

相较于本法的其他条款，本条规定更为宏观和抽象。也正因如此，实践中在具体适用时，本条很容易被忽视。然而，本条的合规重要性在于，本条是后续相关具体制度的基石，对于本条核心理念的理解和遵循，有助于数据合规的整体工作安排。根据本条的规定，对于本法的适用主体，至少应当注意以下几点：

1. 理解“统筹”的含义，推进合规工作有效开展。国家统筹发展和安全，这里的“统筹”意味着，数据安全的合规工作，并非仅限于数据安全法。数据安全和发展是一项体系性的工程，不仅涉及诸多法律法规、政策指导、行业规范等，数据相关主管部门也是牵涉自上而下多个部门的管理。因此，应当搭建全方位、体系化的数据合规架构，为数据安全风险构筑牢固的防火墙。

2. 树立数据安全与发展相辅相成的理念，贯彻落实于具体合规工作中。新兴技术的革新升级和商业模式的不断创新，使得市场经营主体在业务经营过程中看到了数据能够创造的巨大利润空间。在极高经济利润的诱惑下，逐利的心态很容易走向“作恶”极端。数据安全与发展，二者相辅相成，不可偏废，因此，在数据“如火如荼”的发展态势下，一定不可忽视数据安全的这一基础维度，要时刻守好安全这一底线。

【相关规定】

《中华人民共和国国家安全法》第一条至第八十三条；《中华人民共和国网络安全法》第二十一条、第二十七条、第三十一条、第三十四条、第三十七条、第六十六条；《中华人民共和国生物安全法》第十五条、第十六条、第十八条；《中华人民共和国数据安全法》第三条、第五条；《中华人民共和国民法典》第一百二十七条；《中华人民共和国刑法》第一百三十四条之一、第一百四十二条之一、第二百八十五条、第二百八十六条；《中华人民共和国密码法》第二十九条；《中国银保监会监管数据安全管理办法（试行）》。

第十四条　【大数据战略与数字经济】国家实施大数据战略，推进数据基础设施建设，鼓励和支持数据在各行业、各领域的创新应用。

省级以上人民政府应当将数字经济发展纳入本级国民经济和社会发展规划，并根据需要制定数字经济发展规划。

【条文主旨】

本条是关于构建以数据为关键要素的数字经济的规定。

【条文理解】

不同历史时期的生产力发展水平和经济形态各有不同，而不同经济发展阶段的关键生产资料也在不断变化，这些资料中，通常存在对经济基础起关键性作用的核心要素。伴随着经济社会的进步，关键性生产要素的类型、边界、作用规律、地位和排序等也在不断演进。在农业社会中，农耕是重要的经济活动，农业是核心的经济支柱。在工业社会，随着生产技术的快速提高，生产方式更加多元。进入信息社会后，计算机技术和终端普及率大幅提高，科学技术在这一时期属于核心要素。到了当前的数字经济社会，信息化和数字化进程被按下“快进键”，智能科技和数字经济成为新的经济形态，而这也促使数据成为当下经济发展的核心要素。

数字经济是指以数据资源作为关键生产要素、以现代信息网络作为重要载体、以信息通信技术的有效使用作为效率提升和经济结构优化的重要推动力的一系列经济活动。党中央、国务院高度重视数字经济发展，作出了一系列重大决策部署。2017 年 3 月，第十二届全国人民代表大会第五次会议中，数字经济被写入我国政府工作报告。2020 年 3 月发布的《中共中央、国务院关于构建更加完善的要素市场化配置体制机制的意见》指出，要提升社会数据资源价值，培育数字经济新产业、新业态和新模式。①2020 年 10 月，中国共产党第十九届中央委员会第五次全体会议审议通过的《中共中央关于制定国民经济和社会发展第十四个五年规划和二〇三五

---

① 《中共中央 国务院关于构建更加完善的要素市场化配置体制机制的意见》，载中国政府网，http：//www. gov. cn/zhengce/2020-04/09/content_ 5500622. htm，最后访问时间：2021 年 8 月 30 日。

年远景目标的建议》指出，加快发展现代产业体系，推动经济体系优化升级。加快数字化发展，发展数字经济，推进数字产业化和产业数字化，推动数字经济和实体经济深度融合，打造具有国际竞争力的数字产业集群。加强数字社会、数字政府建设，提升公共服务、社会治理等数字化智能化水平。[①] 在党和国家的大力支持下，近年来，我国数字经济蓬勃发展，已成为我国经济发展的重要引擎，同时也是我国在国际环境中的核心竞争力。

正是在这一背景下，数据安全法第十四条应运而生，不仅呼应了我国关于大数据的战略布局，也强调了数据驱动数字经济发展的重要性。本条共包含两个款项：

第一款规定："国家实施大数据战略，推进数据基础设施建设，鼓励和支持数据在各行业、各领域的创新应用。"2015 年 8 月，国务院印发《促进大数据发展行动纲要》，系统部署大数据发展工作，加强顶层设计和统筹协调。[②] 随后，在诸如《国家创新驱动发展战略纲要》《"十三五"国家战略性新兴产业发展规划》等文件中，均多次强调了要实施国家大数据战略，落实大数据发展行动纲要，全面推进重点领域大数据高效采集、有效整合、公开共享和应用拓展。作为数据领域的基本法律规定，数据安全法第十四条第一款的规定，一方面是对国家大数据发展战略的落实，另一方面再次表明国家对于数据有效利用和健康发展的坚定态度。国家从各个层面大力推进数据基础设施的建设，不仅包括计算、存储、网络、光缆等硬件基础设施，也包括操作系统、数据库系统等数据管理层面的软件基础设施。同时，国家也在积极引导和大力投入，鼓励各行各业发现和挖掘数据的潜在巨大价值，从而利用数据推动新产业、新业态和新模式的发展。在数据安全法草案第一次审议稿中，本款曾在句末写上了"促进数字经济发展"的表述，但是第二次审议稿和正式法条将之移除出了本款的规定。这一变化大抵是因为数据本就是数字经济发展的核心组成部分，所以此处可不必加以赘述。此外，数据安全法第十四条第二款是对数字经济的统一规定，为免重复，第一款则可不必再加上"促进数字经济发展"这一表述，遂将之删除。

---

① 《中共中央关于制定国民经济和社会发展第十四个五年规划和二〇三五年远景目标的建议》，载人民网，http：//cpc.people.com.cn/n1/2020/1104/c64094-31917780.html，最后访问时间：2021 年 8 月 29 日。

② 《促进大数据发展行动纲要》，载中国政府网，http：//www.gov.cn/xinwen/2015-09/05/content_2925284.htm，最后访问时间：2021 年 9 月 4 日。

第二款规定："省级以上人民政府应当将数字经济发展纳入本级国民经济和社会发展规划，并根据需要制定数字经济发展规划。"国民经济和社会发展计划是国家对一定时期内国民经济的主要活动、科学技术、教育事业和社会发展所作的规划和安排，是指导经济和社会发展的重要纲领。国民经济和社会发展计划，一般分为长期计划（十至二十年）、中期计划（一般为五年）和年度计划。国家层面常见的多个"五年规划"，例如《中共中央关于制定国民经济和社会发展第十四个五年规划和二〇三五年远景目标的建议》，则属于中期计划。省（直辖市，自治区，特别行政区）、市（直辖市辖的区，地区）、县（县级市）、乡（镇）、村（庄）等行政级别，则常制定年度计划或者专项计划。在本款的起草过程中，数据安全法草案第一次审议稿曾规定的是"省级以上人民政府应当制定数字经济发展规划，并纳入本级国民经济和社会发展规划"，但第二次审议稿却在表述上进行了调整，值得注意的有以下几点：

首先，本款的义务主体。在本款起草过程中，曾出现"县级以上人民政府"的建议，但经过多次审议和讨论，最终法条还是将本款的义务主体确定为"省级以上人民政府"。一方面，省级以上人民政府，包括省（直辖市，自治区，特别行政区）级人民政府和中央人民政府，在行政级别的划分中，处于较高位阶，更有利于对数字经济的发展建设作出高屋建瓴的安排，且在中央人民政府作出顶层的统筹安排之后，省级人民政府也可做好"上传下达"的工作，方便各级政府层层推进、具体落实。另一方面，以数据为关键要素的数字经济发展，目前还尚属于一项新兴的、正在探索中的课题，也是一项需要各个层面和各方力量通力合作的大工程。因此，由位阶更高的"省级以上人民政府"来统揽全局，更有利于快速整合资源，实现最优配置，从而充分发挥数据的基础资源作用和创新引擎作用，加快形成以创新为主要引领和支撑的数字经济，更好地服务我国经济社会发展。

其次，本款的义务内容。数据安全法草案第一次审议稿曾规定的是"省级以上人民政府应当制定数字经济发展规划，并纳入本级国民经济和社会发展规划"。而数据安全法草案第二次审议稿和最终正式法条则作出了两点调整：(1)"制定数字经济发展规划"和"将数字经济发展纳入本级国民经济和社会发展规划"的先后顺序，应当是后者先于前者。数字经济是国民经济和社会发展规划的其中一个组成部分，数字经济的发展应当服务于整体的规划发展。因此，理应先将数字经济发展纳入本级国民经济和社会发展规划，在此基础之上制定整体的发展规划，进而在整体规划下推进和落实数字经济的部署。（2）无须强制要求本款的义务主体制定数字经济发展规划。我国是一个幅员辽阔的国家，由于地理、历史、文化、经济水平等综合因素影响，各地方的规划开发战略不同，经济发展重心也有所侧重，因此不宜作“一刀切”的强制规定，由各地结合自身情况，根据实际的发展需求来制定数字经济发展规划，更有利于规划出因地制宜的发展蓝图。

【适用指南】

本法第二条规定：“在中华人民共和国境内开展数据处理活动及其安全监管，适用本法……”因此，无论是行政主体，还是行政相对人，均应当纳入本法的适用范围。对于本条而言，其适用的义务主体，则主要是人民政府，尤其是省级以上人民政府。因此，为了满足本条的合规要求，本条义务主体应当注意：

1. 进一步研究制定和落实本条规定的细化措施，例如数据基础设施建设规划和工作细则，以及鼓励数据驱动创新应用的各项配套政策和扶持方案，支持和帮助相关数据主体挖掘数据潜能、打通数据利用障碍，协调配置有利于数据价值发挥的各项资源。

2. 制定包含数字经济发展的国民经济和社会发展规划。本条第二款采用的是“应当”这一表述，因此，省级以上人民政府有义务将数字经济发展纳入每年度制定的本级国民经济和社会发展规划，再根据当地实际需要，制定相应的数字经济发展规划。

【相关规定】

《中华人民共和国民法典》第一百二十七条；《中华人民共和国网络安全法》第三条、第五条、第三十一条至第三十九条；《中华人民共和国数据安全法》第二条、第七条。

第十五条　【公共服务智能化】国家支持开发利用数据提升公共服务的智能化水平。提供智能化公共服务，应当充分考虑老年人、残疾人的需求，避免对老年人、残疾人的日常生活造成障碍。

【条文主旨】

本条是关于在利用数据提升公共服务智能化水平过程中对老年人和残疾人特别关怀的规定。

【条文理解】

在本法草案的第一次审议稿和第二次审议稿中，原本并没有这一条规定，但在《全国人民代表大会宪法和法律委员会关于〈中华人民共和国数据安全法（草案）〉审议结果的报告》中，有的常委委员和社会公众提出，在大力推进公共服务数字化发展的过程中，不应当对老年人、残疾人享受应有的公共服务造成障碍，建议增加有针对性的规定。因此，宪法和法律委员会经研究，最终增加一条规定：国家支持开发利用数据提升公共服务的智能化水平。提供智能化公共服务，应当充分考虑老年人、残疾人的需求，不得对老年人、残疾人的日常生活造成障碍。① 新增的这一规定，不仅突出了数据在我国智能化公共服务中的重要作用，同时也回应了社会和人民群众的需求，体现了国家对特殊人群的人文关怀。

一、公共服务智能化

近几年，计算机硬件水平不断提高，在机器学习、自然语言处理和深度学习等技术日渐革新的加持下，人工智能再次引爆世界的关注热情，迎来智能科技时代的第三个浪潮点。从各国关于人工智能战略规划的顶层设计，到投资方向的倾斜，再到智能产品的落地、上市并走进人们的日常生活，人工智能获得了前所未有的重视。由此，人类也步入了智能科技的新时代。在人工智能技术的研发过程中，数据是不可忽视的重要基础原料。然而，在人工智能的前几次“低谷”时期，一个制约技术发展的关键要素就是数据的数量和质量的不足。而今，随着网络信息技术和产业的发展，数据的供给大幅提升，智能科技也得以加速发展。数据支撑着人工智能的底层研发，是智能科学技术的“原料”担当，而由数据“喂养”的人工智能反过来也成就了数据的战略核心地位。于国家管理层面而言，数据不仅是基础性战略资源，更是数字化和科学化管理过程中重要的决策依据；于社会治理而言，数据推动了智慧城市的建设，让人们的生活更为便捷和智

---

① 《全国人民代表大会宪法和法律委员会关于〈中华人民共和国数据安全法（草案）〉审议结果的报告》，载中国人大网，http://www.npc.gov.cn/npc/c30834/202106/a2292e20dfa743febe23b01fa6aa330b.shtml，最后访问时间：2021年9月5日。

能化，同时也有助于实现社会治理的精准化。

数据安全法第十五条前半部分规定，“国家支持开发利用数据提升公共服务的智能化水平”。这一规定，是国家与时俱进、回应时代发展需求的体现，也表明了国家鼓励和支持公共服务过程中数据开发利用的积极态度，即充分运用大数据等现代信息技术，强化部门协同联动，打破信息孤岛，推动信息互联互通、开放共享，提升公共服务整体效能。随着信息技术的发展，人类生活的智能化水平逐步提高，无人机、无人驾驶汽车、工业机器人以及实现“万物互联”的智能家居等等，均是传统生活方式向智能化模式转变的代表。在社会公共服务中，互联网法院、“一号”申请、“一窗”受理、“一网”通办，还有各类公共服务机构提供的自助办理和远程服务等，以及“健康码”和“大数据行程卡”等，也均是数据驱动的智能化创新成果的应用。

二、特别关怀

随着我国互联网、大数据、人工智能等信息技术快速发展，智能化服务得到广泛应用，深刻改变了生产生活方式，提高了社会治理和服务效能。但同时，我国还生活着极大数量的老年人和残疾人。我国老龄人口数量快速增长，不少老年人不会上网、不会使用智能手机，在出行、就医、消费等日常生活中遇到不便。而面对急速变化的智能科技产品，很多残疾人更是无所适从，无法充分享受智能化服务带来的便利，老年人和残疾人面临的“数字鸿沟”问题日益凸显。鉴于此，数据安全法第十五条后半部分规定，“提供智能化公共服务，应当充分考虑老年人、残疾人的需求，避免对老年人、残疾人的日常生活造成障碍”。

根据《中华人民共和国老年人权益保障法》规定，“老年人”是指六十周岁以上的公民。国家保障老年人依法享有的权益，老年人有享受社会服务和社会优待的权利，国家和社会应当采取措施，健全保障老年人权益的各项制度，逐步改善保障老年人生活、健康、安全以及参与社会发展的条件，同时国家也积极推动和扶持老年人家庭无障碍设施的改造，为老年人创造无障碍居住环境。根据《中华人民共和国残疾人保障法》的规定，“残疾人”是指在心理、生理、人体结构上，某种组织、功能丧失或者不正常，全部或者部分丧失以正常方式从事某种活动能力的人。残疾人包括视力残疾、听力残疾、言语残疾、肢体残疾、智力残疾、精神残疾、多重残疾和其他残疾的人。国家采取辅助方法和扶持措施，对残疾人给予特别扶助，减轻或者消除残疾影响和外界障碍，保障残疾人权利的实现。同时，国家也鼓励和扶持无障碍辅助设备、无障碍交通工具的研制和开发。

数据的开发和利用，极大提升了公共服务的智能化水平，让人民享受到了数字经济带来的时代红利。然而，智能化的改变，同时也给老年人和残疾人带来了极大的不便。目前基于大数据的公共服务应用得到迅速的推广，健康扫码、网络购物等在生活中随处可见，但年迈的老人、身体或心理残疾的人，却被智能化“拒之门外”，智能化导致日常生活出现阻碍和困难。因此，数据安全法专列第十五条，对公众服务智能化过程中的老年人和残疾人服务给予了特别关注，落实了《中华人民共和国老年人权益保障法》和《中华人民共和国残疾人保障法》的相关规定，也使得老年人和残疾人在新时代背景下，同样可以拥有获得感、幸福感和安全感。

【适用指南】

本条合规的义务主体，主要是智能化公共服务的提供者，既包括履行公共服务职能的各级人民政府，也包括参与和提供公共产品或服务的市场主体。

2020 年 11 月，国务院办公厅印发了《关于切实解决老年人运用智能技术困难实施方案的通知》（国办发〔2020〕45 号），规定了坚持传统服务与智能创新相结合、坚持普遍适用与分类推进相结合、坚持线上服务与线下渠道相结合、坚持解决突出问题与形成长效机制相结合四项基本原则，梳理了当前的重点任务：（一）做好突发事件应急响应状态下对老年人的服务保障。（二）便利老年人日常交通出行。（三）便利老年人日常就医。（四）便利老年人日常消费。（五）便利老年人文体活动。（六）便利老年人办事服务。（七）便利老年人使用智能化产品和服务应用。2021 年 4 月发布的《工业和信息化部办公厅关于进一步抓好互联网应用适老化及无障碍改造专项行动实施工作的通知》（工信厅信管函〔2021〕67 号）要求相关互联网网站、APP 参考《互联网网站适老化通用设计规范》和《移动互联网应用（APP）适老化通用设计规范》完成适老化及无障碍改造，并鼓励其在 2021 年 9 月 30 日前完成改造后，申请相关评测。通过评测后，将被授予信息无障碍标识，有效期为两年。此外，人力资源社会保障部、全国老龄办等其他部门也根据各自的职能权限，相应发布了若干指导意见。

智能化公共服务的提供者，应当认真落实党中央、国务院决策部署，遵守本条法律以及相关配套文件的规定，将老年人、残疾人对智能化公共服务的可及性、可用性以及便利性，充分考虑并贯彻落实至公共服务智能化的事前、事中和事后的全过程。此外，保障老年人、残疾人合法权益是全社会的共同责任，除了智能化公共服务的提供者，也应倡导全体社会成员加入到老年人和残疾人关怀行动中来，帮助老年人和残疾人尽快以他们可接受的方式参与到数字经济的建设中来，也为老年人、残疾人平等参与社会生活创造无障碍的环境。同时，亦可以考虑在每年的重阳节（农历九月初九）和全国助残日（五月的第三个星期日），举行公共服务智能化竞赛或者研讨会，激励智能化公共服务的提供者积极生产和提供符合老年人和残疾人需求的公共服务产品，或者召开公共服务智能化产品的宣讲和体验活动，为老年人、残疾人有机会接触和学习智能化产品提供有益的平台和途径。

【相关规定】

《中华人民共和国残疾人保障法》第二条、第四条、第五条、第七条、第十四条、第五十条、第五十二条、第五十三条、第五十四条、第五十七条；《国家基本公共服务标准（2021年版）》；《国务院办公厅关于简化优化公共服务流程方便基层群众办事创业的通知》；《中华人民共和国老年人权益保障法》第二条至第八条、第十二条、第五十三条、第五十八条、第六十五条；《关于切实解决老年人运用智能技术困难实施方案的通知》；《国务院办公厅关于制定和实施老年人照顾服务项目的意见》；《工业和信息化部办公厅关于进一步抓好互联网应用适老化及无障碍改造专项行动实施工作的通知》；《互联网网站适老化通用设计规范》；《移动互联网应用（APP）适老化通用设计规范》；《互联网应用适老化及无障碍水平评测体系》；《工业和信息化部、中国残疾人联合会关于推进信息无障碍的指导意见》；《人力资源社会保障部关于进一步优化人社公共服务　切实解决老年人运用智能技术困难实施方案的通知》；《国家卫生健康委办公厅、国家中医药管理局办公室关于加强老年人居家医疗服务工作的通知》；《民政部、国家发展改革委、财政部、住房和城乡建设部、国家卫生健康委、银保监会、国务院扶贫办、中国残联、全国老龄办关于加快实施老年人居家适老化改造工程的指导意见》。

第十六条 【数据技术和产品】 国家支持数据开发利用和数据安全技术研究，鼓励数据开发利用和数据安全等领域的技术推广和商业创新，培育、发展数据开发利用和数据安全产品、产业体系。

【条文主旨】

本条是关于数据（开发利用和安全）技术和产品的规定。

【条文理解】

数据安全法强调数据安全与数据开发利用相辅相成，以安全保发展、以发展促安全。然而，无论是促进数据发展、保障数据安全，还是实现数据发展与数据安全之间的动态互动，均离不开数据相关技术的研究和开发。自我国部署大数据发展战略以来，国家重点鼓励和支持数据相关的技术研究，大力投入人力、物力、财力、精力，同时提供硬件和软件研发支持。得益于党中央和各级政府的引导与支持，我国当前与数据相关的技术研发热情高涨，技术发展也呈现如火如荼的态势。

从数据开发利用的维度看，与数据相关的技术包括但不限于：（1）云技术：在广域网或局域网内将硬件、软件、网络等系列资源统一起来，实现数据的计算、储存、处理和共享的一种托管技术。云计算是一种架构模式，需要应用很多技术，其中，诸如服务器虚拟化、海量数据存储、高性能计算分配等有鲜明云计算特点的技术可以统称为云技术。（2）分布式处理技术：将不同地点，或具有不同功能或拥有不同数据的多台计算机通过通信网络连接起来，在控制系统的统一管理控制下，协调地完成大规模信息处理任务的技术。（3）存储技术：数据存储，尤其是海量的大数据存储，是数据开发利用生命周期中的重要一环，数据存储致力于研发可以扩展至 PB① 甚至 EB② 级别的数据存储平台，而研发者们则致力于研发海量存储成本低和安全性高的数据存储技术。（4）感知技术：数据采集技术与数据感知技术密切相关，诸如传感器技术，指纹识别技术，坐标定位技术等都是日常生活中较为常见的技术，随着感知技术的不断深挖和精进，诸

① 1PB＝1024TB。
② 1EB＝1024PB。

如气味、步态、声音等感知技术也在不断发展中。

从数据安全的维度看，与数据相关的技术包括但不限于：（1）用户隐私数据安全：①差分隐私：数据采集中的隐私保护；②知识图谱：个人信息治理与可视化；③流程自动化：用户数据权利请求响应。（2）企业内部数据安全：①敏感数据智能识别：敏感数据的智能识别/分类；②数据脱敏风险评估：脱敏数据的残余风险评估；③用户实体行为分析：数据操作行为的异常检测。（3）企业间数据安全共享与计算：①数据匿名：涉及个人数据的发布与共享；②同态加密：云上数据安全的存储与计算；③安全多方计算：多方数据安全的共享与计算；④联邦学习：多方数据安全的联合 AI 建模。①

国家对于数据开发利用和数据安全技术研究的支持，不仅在于正在研发当中以及未来即将研发的技术，也包括那些已经研发成功，但随着发展需求，仍可以进行不断改进升级的技术。伴随着这些技术出现的，还有新的市场商机，以及各种各样的经济发展新模式和新业态。本条规定，“鼓励数据开发利用和数据安全等领域的技术推广和商业创新”。数据开发利用和数据安全技术的推广适用，可以形成规模效应和网络效应，使得相关技术有益于更多的数据从业者，进而激发更多元化的数据商业创新，同时也有利于实现数据技术的共同开发和更新。此外，本条还规定，“培育、发展数据开发利用和数据安全产品、产业体系”。技术是促进数据开发利用和保障数据安全的关键基础，但若拟进一步推广和提高数据技术的利用率和市场价值，则需要“从技术到产品、从产品到产业”。当前，我国市场上不乏各式各样的数据产品，但质量参差不齐，类型混乱复杂，对于数据产品的监管也任重道远。因此，在大力研发数据相关技术的基础上，仍需培育和发展相关数据产品的规范生产和销售，进而构建一个健康、可持续发展的数据产业生态体系。

【适用指南】

本条适用的义务主体是国家，国家有义务支持数据开发利用和数据安全技术研究，鼓励数据开发利用和数据安全等领域的技术推广和商业创新，培育、发展数据开发利用和数据安全产品、产业体系。然而，本条规

① 网络安全应急技术国家工程实验室：《十种前沿数据安全技术，聚焦企业合规痛点》，载微信公众平台，https：//mp. weixin. qq. com/s/SWiDqTHbhMXdwxTOcgL5eg，最后访问时间：2021 年 9 月 11 日。

定主要还是方向性的指引，关于“支持”“鼓励”“培育”的具体措施，仍需各级人民政府出台细化政策和配套方案。尽管如此，从数据从业者的角度而言，这一规定却是非常利好的。根据本条的规定，可以看出，国家非常重视数据开发利用和数据安全等领域的技术研发、推广、商业创新以及产品和产业体系发展，同时国家也会采取一系列措施来鼓励和支持这一目标的实现。因此，与此相关的应用场景将会越来越多，产品和服务需求将进一步升级扩容，市场开发潜力和规模也将有望迅速拓展，数据从业者则可以坚定信心，紧紧抓住时代发展的新机遇，并对照自身资源的优缺，调整或重新规划自身发展定位，真正实现数据驱动创新发展。

【相关规定】

《中华人民共和国国家安全法》第二十四条、第二十五条；《中华人民共和国网络安全法》第十六条、第十八条、第二十一条。

第十七条　【数据标准体系建设】 国家推进数据开发利用技术和数据安全标准体系建设。国务院标准化行政主管部门和国务院有关部门根据各自的职责，组织制定并适时修订有关数据开发利用技术、产品和数据安全相关标准。国家支持企业、社会团体和教育、科研机构等参与标准制定。

【条文主旨】

本条是关于数据开发利用和数据安全相关的标准体系建设的规定。

【条文理解】

标准是经济活动和社会发展的技术支撑，是国家治理体系和治理能力现代化的基础性制度。数据安全法通过统一立法的形式强调推进数据开发利用技术和数据安全标准体系建设，倡导确立共同遵循的准则，建立稳定的数据发展秩序。根据《中华人民共和国标准化法》的规定，标准（含标准样品），是指农业、工业、服务业以及社会事业等领域需要统一的技术要求。标准的类型包括：国家标准、行业标准、地方标准和团体标准、企业标准。其中国家标准又分为强制性标准、推荐性标准，而行业标准、地方标准属于推荐性标准。推荐性国家标准、行业标准、地方标准、团体标准、企业标准的技术要求不得低于强制性国家标准的相关技术要求。国家鼓励社会团体、企业制定高于推荐性标准相关技术要求的团体标准、企业标准。

《中华人民共和国标准化法》对各类标准进行了总体性规定：(1) 强制性标准：强制要求必须执行的标准，一般而言，对保障人身健康和生命财产安全、国家安全、生态环境安全以及满足经济社会管理基本需要的技术要求，应当制定强制性国家标准，强制性国家标准由国务院批准发布或者授权批准发布，强制性标准文本免费向社会公开，同时国家还建立了强制性标准实施情况统计分析报告制度和定期复审机制。(2) 推荐性标准：国家鼓励推荐采用的标准，对满足基础通用、与强制性国家标准配套、对各有关行业起引领作用等需要的技术要求，可以制定推荐性国家标准，推荐性国家标准由国务院标准化行政主管部门制定。(3) 行业标准：对没有推荐性国家标准、需要在全国某个行业范围内统一的技术要求，则可以制定行业标准。行业标准由国务院有关行政主管部门制定，报国务院标准化行政主管部门备案。(4) 地方标准：为满足地方自然条件、风俗习惯等特殊技术要求，则可以制定地方标准。地方标准由省、自治区、直辖市人民政府标准化行政主管部门报国务院标准化行政主管部门备案，由国务院标准化行政主管部门通报国务院有关行政主管部门。(5) 团体标准：国家鼓励学会、协会、商会、联合会、产业技术联盟等社会团体协调相关市场主体共同制定满足市场和创新需要的团体标准，由本团体成员约定采用或者按照本团体的规定供社会自愿采用。(6) 企业标准：企业根据自身需求自行制定或者与其他企业联合制定的标准。

对于标准工作的主管机构，根据《中华人民共和国标准化法》的规定，国务院标准化行政主管部门统一管理全国标准化工作。国务院有关行政主管部门分工管理本部门、本行业的标准化工作。县级以上地方人民政府标准化行政主管部门统一管理本行政区域内的标准化工作。县级以上地方人民政府有关行政主管部门分工管理本行政区域内本部门、本行业的标准化工作。数据安全法第十七条规定："……国务院标准化行政主管部门和国务院有关部门根据各自的职责，组织制定并适时修订有关数据开发利用技术、产品和数据安全相关标准……"这里的"国务院标准化行政主管部门"即是指中华人民共和国国家标准化管理委员会（简称标委会），标委会是中华人民共和国国务院授权履行行政管理职能、统一管理全国标准化工作的主管机构，负责参与起草、修订国家标准化法律、法规的工作；

拟定和贯彻执行国家标准化工作的方针、政策；拟定全国标准化管理规章，制定相关制度；组织实施标准化法律、法规和规章、制度。

标准是以科学技术和实践经验为基础，经相关利益主体协商一致，由主管机构批准，以特定形式发布作为共同遵守的准则和依据。因此，标准的制定应当遵循开放、透明、公平的原则，保证各参与主体获取相关信息，反映各参与主体的共同需求。国家鼓励企业、社会团体和教育、科研机构等开展或者参与标准化工作。本条关于这一点的表述，在起草过程中有过变动，修改的主要原因，是对标《中华人民共和国标准化法》的规定，保持立法的一致性和统一性。企业、社会团体和教育、科研机构等不仅可以积极参与到国家标准和行业标准的制定工作中去，同时也可以根据自身需要，自行或者结合其他成员一起制定和推广团体标准或者企业标准。相较于前者，团体标准和企业标准，具有灵活性高、针对性强、制定效率高、可自愿选择的特点。对于诸如数据等新类型的标准化工作而言，由于其新颖性和复杂性，不易在短时间内形成行业标准或者国家标准的，团体标准或企业标准则可以成为优选，例如2021年4月发布的《数据安全治理能力评估方法》，以及于同月发布的《个人信息处理法律合规性评估指引》等通过团体标准形式发布的标准，不仅推进了数据标准化的整体建设，也可以通过“以点带面”、循序渐进的方式逐步完善行业标准和国家标准，甚至也为我国相关主体加入和参与国际标准的制订打下了扎实的基础。

【适用指南】

对于本条的适用，主要涉及两个维度的合规工作：

一、正向维度

本条涉及的适用主体包括：国家、国务院标准化行政主管部门和国务院有关部门、企业、社会团体和教育、科研机构等。从正向维度来看，本条的规定是积极的，主要都是“鼓励”、“推进”和“支持”的态度，相信接下来国家也会进一步出台具体政策和执行措施。因此，相关主体应当积极加入数据利用技术和数据安全标准体系建设的工作，协同努力，建言献策，共同致力于发挥标准对促进经济转型升级、数据引领创新驱动的支撑作用。能够参与国家标准和行业标准的起草，既是对企业行业地位和市场影响力的肯定，也是企业获得竞争优势、商业机会的助推剂。当然，在标准化工作参与的过程中，也应当遵守相关法律法规的规定，在科学技术研究成果和社会实践经验的基础上，深入调查论证，广泛征求意见，保证标准的科学性、规范性、时效性，提高标准质量。此外，制定标准应当有利于科学合理利用资源，推广科学技术成果，增强产品的安全性、通用性、可替换性，提高经济效益、社会效益、生态效益，做到技术上先进、经济上合理。不能利用标准实施妨碍商品、服务自由流通等排除、限制市场竞争的行为。

二、反向维度

从反向维度来看，本条的规定也意味着，在数据开发利用和数据安全领域，除了法律法规、各类规范文件以及国家政策之外，与数据相关的标准也是数据合规工作中不可忽视的重要组成部分。可以预见的是，数据开发利用和数据安全领域的相关标准将会不断出台，而这些标准也将成为数据主体开展合规工作的重要依据，尤其是强制性标准，是必须参照执行的。虽然推荐性标准可以自愿选择参加，但需特别留意的是，在某些特殊情况下，推荐性标准也仍有可能转化具备法律效力，例如当推荐性标准被相关法律、法规、规章纳入时，或者如民法典第五百一十一条的规定，在当事人对质量要求约定不明，且若无强制性国家标准时，按照推荐性国家标准认定质量要求。此外，在一些法律法规尚且空白的领域，行业标准、地方标准、团体标准在司法实践中也可能成为法院裁判说理的依据。因此，数据主体在开展相应合规工作时，切记不要忽略相关标准的规定，以免产生合规漏洞。

【相关规定】

《中华人民共和国民法典》第五百一十一条；《最高人民法院关于裁判文书引用法律、法规等规范性法律文件的规定》第六条；《中华人民共和国标准化法》第二条至第十九条、第二十一条至第二十二条、第二十七条、第二十九条、第三十一条；《中华人民共和国标准化法实施条例》；《全国专业标准化技术委员会管理办法》；《工业通信业行业标准制定管理办法》；《地方标准管理办法》；《强制性国家标准管理办法》；《2021 年全国标准化工作要点》；《数据安全治理能力评估方法》。

第十八条　【安全检测评估、认证服务】国家促进数据安全检测评估、认证等服务的发展，支持数据安全检测评估、认证等专业机构依法开展服务活动。

国家支持有关部门、行业组织、企业、教育和科研机构、有关专业机构等在数据安全风险评估、防范、处置等方面开展协作。

【条文主旨】

本条是关于数据安全检测评估、认证等服务与各方协作的规定。

【条文理解】

数据安全的监测评估、认证、安全风险评估、防范与处置等，是数据安全领域的重要支撑服务和配套基础设施。随着我国大数据发展战略的推行，以及数据作为新型生产要素的地位确立，数据相关的技术和产品，将会不断涌现。数据安全法第十六条规定，国家大力支持和鼓励数据安全技术和产品的研发、推广；第十七条则强调推进数据安全标准体系建设。随着数据相关的立法、标准、规范、政策的不断完善，数据技术、产品或服务供给也将日益增加。然而，面对海量的数据技术、产品或服务，如何进行高效、及时的监管，则是一项重大的工程，借助专业的检测评估、认证机构，可以有效地完善合规建设，推进行业和相关企业的自律。此外，对于消费者而言，在当前的数字经济时代，数据技术、产品或服务占据了日常生活的重要部分，有些甚至是每日必须使用、无法绕开的。然而，面对形形色色的数据产品或服务，消费者常常感到不知如何选择或者只能被迫选择，但市场上的数据产品或服务质量不一，存在不少可能侵害消费者人身或财产权益的产品或服务。此刻，若能有类似食品安全认证的服务存在，帮助消费者在使用之前进行筛选把关，则可以极大地减少消费者的搜索和选择成本，也能使消费者放心、安全地使用相关数据产品或服务。鉴于此，数据安全法第十八条特别规定了关于数据安全检测评估、认证等服务与各方协作的规定，以基础性法律规范的形式为数据安全的评估、认证服务提供了法律依据，也有利于数据安全法在实践中的落地执行。

根据《中华人民共和国认证认可条例》的规定，“认证”是指由认证机构证明产品、服务、管理体系符合相关技术规范、相关技术规范的强制性要求或者标准的合格评定活动。“认可”是指由认可机构对认证机构、检查机构、实验室以及从事评审、审核等认证活动人员的能力和执业资格，予以承认的合格评定活动。本条虽不涉及“认可”，但与之相关的是“评估”，其是指专门的机构或专门评估人员，遵循法定或者公允的标准、程序，运用科学的方法，对被评估对象进行评定和估量的行为。根据《认证机构管理办法》的规定，“认证机构”是指依法取得资质，对产品、服务和管理体系是否符合标准、相关技术规范要求，独立进行合格评定的具有法人资格的证明机构。数据安全检测评估、认证的对象，包括与数据安全相关的人、事、物，既可以对数据技术、产品或服务进行评估、认证，亦可以对相关从业人员的资质进行评估、认证。目前，在国际层面和其他司法辖区，已经存在许多与数据安全相关的评估、认证机构；在我国，与数据相关的评估、认证领域，还属于“蓝海地带”，有极大的发展空间。目前，与数据安全测评相关，且发展得较为成熟的是“网络安全等级保护测评”以及“移动互联网应用程序（App）安全认证”，还有一些正在探索中的认证服务，例如 CISP-PIP（Certified Information Security Professional - Personal Information Protection）注册个人信息保护专员，是国家级个人信息保护专业人员资质评定。该认证主要面向数据保护、信息审计、法律合规、风险管理、安全监管等领域的专业人员，旨在帮助组织全面构筑个人信息保护的专业队伍和专业能力，有效提升数字经济时代各类组织数据合规和治理水平。

在本条的起草过程中，数据安全法草案的第一次审议稿和第二次审议稿原本没有本条第二款的规定，但在《全国人民代表大会宪法和法律委员会关于〈中华人民共和国数据安全法（草案）〉审议结果的报告》中，有的常委委员提出，防范数据安全风险应当发挥社会各方面作用，加强政府、企业、专业机构之间的合作。因此，经宪法和法律委员会研究决定，建议增加规定：国家支持有关部门、行业组织、企业、科研机构和有关专业机构等在数据安全风险评估、防范、处置等方面开展协作。① 数据安全需要全社会的参与，本款旨在调动社会各方面的力量，建立全方位的、立体的维护数据安全并促进发展的社会环境。

---

① 《全国人民代表大会宪法和法律委员会关于〈中华人民共和国数据安全法（草案）〉审议结果的报告》，载中国人大网，http：//www.npc.gov.cn/npc/c30834/202106/a2292e20dfa743febe 23b01fa6aa330b.shtml，最后访问时间：2021 年 9 月 11 日。

【适用指南】

本条规定了数据安全检测评估和数据认证等数据安全的配套服务，对国家和市场而言，均是利好的。对国家而言，接下来应当进一步细化出台促进和支持数据安全检测评估、认证服务的政策，同时研究制定相关的管理办法或者适用指南，明确数据安全检测评估、认证服务的主管单位，评估、认证机构的资质条件，申请和成立的流程，以及从业过程中的行为守则等，以便于相关机构依法开展相应评估、认证活动。对行业组织、企业、教育和科研机构以及其他有关专业机构而言，则可以基于对行业的深度认知、专业知识和经验的积累，积极参与到数据安全检测的评估、认证活动中来，帮助行业的新进者识别合规义务和锚定风险隐患，有针对性地提出合规改进方案和措施，帮助相关企业降低合规风险。当然，面对这一巨大的“市场蛋糕”的诱惑，不免会出现鱼龙混杂的评估、认证机构，违背客观独立、公开公正、诚实信用的原则，不仅损害评估委托方的权益，最终也导致自身的违法，惨遭市场淘汰。因此，专业评估、认证机构在成立和开展相关业务的全流程中，一定要遵纪守法、在指定业务范围内，为委托人提供方便、及时的评估、认证、检查、检测服务，不得拖延，不得歧视、刁难委托人，不得牟取不当利益，对所知悉的国家秘密和商业秘密严格遵守保密义务。

【相关规定】

《中华人民共和国网络安全法》第十七条、第二十三条、第二十四条、第二十六条、第六十二条；《中华人民共和国认证认可条例》第二条、第六条、第九条至第十一条、第十七条、第十九条至第二十六条、第三十四条；《认证机构管理办法》第二条、第四条至第二十五条；《网络安全等级保护测评机构管理办法》第二条至第三十五条。

第十九条　【数据交易管理制度】国家建立健全数据交易管理制度，规范数据交易行为，培育数据交易市场。

【条文主旨】

本条是关于建立健全数据交易管理制度的规定。

【条文理解】

我国自2015年着手数据战略部署以来，经过一系列的顶层设计和规划，逐步将数据正式列为又一新型生产要素：2015年8月，国务院印发《促进大数据发展行动纲要》① 的通知，标志着数据正式成为“国家基础性战略资源”。《促进大数据发展行动纲要》系统地部署了大数据的发展工作，并提出要加强顶层设计与统筹协调。2019年10月，在十九届四中全会通过的《中共中央关于坚持和完善中国特色社会主义制度 推进国家治理体系和治理能力现代化若干重大问题的决定》中，提出“推进数字政府建设，加强数据有序共享，依法保护个人信息”，同时要求“健全劳动、资本、土地、知识、技术、管理、数据等生产要素由市场评价贡献、按贡献决定报酬的机制”。② 2020年3月，《中共中央 国务院关于构建更加完善的要素市场化配置体制机制的意见》指出，要重视数据的价值，并加快数据要素市场的培育进程，推进政府数据开放的同时，提升社会数据资源价值，并加强数据资源的有效整合和数据安全保护。③ 2020年7月，国家发展改革委、中央网信办、工业和信息化部等13个部门联合印发《关于支持新业态新模式健康发展激活消费市场带动扩大就业的意见》，提出了15种新业态发展模式，其中包括数据要素流通和供给新方式。④

2020年10月，中国共产党第十九届中央委员会第五次全体会议审议通过的《中共中央关于制定国民经济和社会发展第十四个五年规划和二〇三五年远景目标的建议》指出，要加快现代产业体系和经济体系的优化升级，“建立数据资源产权、交易流通、跨境传输和安全保护等基础制度和

---

① 《促进大数据发展行动纲要》，载中国政府网，http：//www.gov.cn/xinwen/2015-09/05/content_2925284.htm，最后访问时间：2021年9月11日。

② 《中共中央关于坚持和完善中国特色社会主义制度 推进国家治理体系和治理能力现代化若干重大问题的决定》，载中国政府网，http：//www.gov.cn/zhengce/2019-11/05/content_5449023.htm，最后访问时间：2021年9月11日。

③ 《中共中央 国务院关于构建更加完善的要素市场化配置体制机制的意见》，载中国政府网，http：//www.gov.cn/zhengce/2020-04/09/content_5500622.htm，最后访问时间：2021年9月11日。

④ 《关于支持新业态新模式健康发展激活消费市场带动扩大就业的意见》，载国家发改委官网，https：//www.ndrc.gov.cn/xxgk/zcfb/tz/202007/t20200715_1233793.html，最后访问时间：2021年9月11日。

标准规范，推动数据资源开发利用”①。2020 年 10 月，中共中央办公厅、国务院办公厅印发《深圳建设中国特色社会主义先行示范区综合改革试点实施方案（2020—2025 年）》，对数据要素市场的培育和市场评价贡献机制作出了更具体的部署和安排。② 基于顶层的宏观部署和大力支持，我国各地各部门也积极响应探索数据要素的培育机制。2021 年 2 月，深圳市政府办公厅正式印发了《深圳市开展数据生产要素统计核算试点工作实施方案》③，开始对数据生产要素的统计核算展开研究，并对数据生产要素作为一类资产纳入国民经济核算体系进行试点。由此，也标志着数据的生产要素从顶层规划正在走向具体规则的落实。2021 年 5 月，国家统计局公布了《数字经济及其核心产业统计分类（2021）》④，明确指出数字经济就是以数据资源作为关键生产要素……的一系列经济活动，同时特别将数字要素驱动业确定为数字经济产业的其中一个重要大类。

在数据已然成为数字经济时代新型生产要素的这一既定趋势下，加快培育数据交易市场、充分释放数据要素的潜能和价值则成为一项重要的、不可回避的时代课题。充分挖掘数据潜能，最大化释放数据价值，需要构建有效的数据要素市场化配置机制，以及规范统一的数据交易管理制度。然而，目前尚未解决或仍存争议的问题包括但不限于：数据的内涵和外延界定不统一、数据分类繁多混乱、数据权益属性争议不休、数据产权界定不清、数据权属分配不明、数据流动较困难、数据价值的度量和定价难以实现、数据交易保障不足、数据安全隐患严重、数据治理道阻且长等等，这些问题已然阻碍了数据交易活动的开展。在法律规定尚不完善的情况下，我国数据交易呈现出“实践先行探索”和“地方立法先行”的趋势。各地的数据交易平台实践以及相应的应用或者促进条例规定，为探索建立健全我国的数据交易市场提供了有益的经验积累，但是由于地方规范的法律位阶较低，不具备普遍的法律适用性，实践仍然呼唤位阶更高的法律能

---

① 《中共中央关于制定国民经济和社会发展第十四个五年规划和二〇三五年远景目标的建议》，载人民网，http：//cpc. people. com. cn/n1/2020/1104/c64094－31917780. html，最后访问时间：2021 年 9 月 11 日。

② 《深圳建设中国特色社会主义先行示范区综合改革试点实施方案（2020—2025 年）》，载中国政府网，http：//www. gov. cn/zhengce/2020－10/11/content_ 5550408. htm，最后访问时间：2021 年 9 月 11 日。

③ 《数据生产要素统计核算明年全市试点》，载深圳市政府官网，http：//www. sz. gov. cn/cn/xxgk/zfxxgj/zwdt/content/post_ 8593593. html，最后访问时间：2021 年 9 月 11 日。

④ 《数字经济及其核心产业统计分类（2021）》，载国家统计局官网，http：//www. stats. gov. cn/tjgz/tzgb/202106/t20210603_ 1818129. html，最后访问时间：2021 年 9 月 11 日。

够对数据交易作出相应规定。

在这一背景下，数据安全法第十九条应运而生，首次在法律文本中规定“国家建立健全数据交易管理制度，规范数据交易行为，培育数据交易市场”。对数据交易进行了初步规范，让数据交易进入了“有法可依”的新阶段。数据安全法第七条还规定了“国家保护个人、组织与数据有关的权益，鼓励数据依法合理有效利用，保障数据依法有序自由流动，促进以数据为关键要素的数字经济发展。”对数据的权益属性作出了明确的认可，有助于消除数据交易和流转的障碍。此外，数据安全法第三十三条还规定了“从事数据交易中介服务的机构提供服务，应当要求数据提供方说明数据来源，审核交易双方的身份，并留存审核、交易记录”。第四十七条规定了从事数据交易中介服务的机构未履行本法规定，所应当承担的法律责任。数据安全法首次对数据交易作出相关规定，尽管相应条款仍需细化完善，但是本条中数据交易制度的确立，使得数据依法有序流动成为现实，符合数据安全法“保护数据安全”和“促进大数据平衡发展”基本原则。本条规定为数据交易提供了合法性基础，有助于提高数据交易的预期性，降低交易风险，减少交易纠纷，能有力打击和遏制“数据黑市”“数据洗白”等扰乱数据交易市场的现象，促使数据产业有序、健康和可持续发展。

数据交易平台是数据交易市场中的重要枢纽。在国际层面，域外一些国家互联网服务发展、对大数据交易的探索和实践相对较早，从而对大数据交易平台的发展具有良好的推动作用。在我国，自 2014 年 12 月贵阳大数据交易所作为我国首个大数据交易所①建立以来，各地数据交易平台成立数量呈现急速增长态势，但总体而言，我国的数据交易平台起步较晚，尚处于初期探索的阶段，相关工作任重道远。

关于数据交易的模式，目前主要有三种典型的产业模式：(1) 数据平台 C2B 分销模式：用户将自己的个人数据贡献给数据平台，数据平台向用户给付一定数额的商品、货币、服务等价物或者优惠、打折、积分等对价利益。(2) 数据平台 B2B 集中销售模式：数据平台以中间代理人身份为数据提供方和数据购买方提供数据交易撮合服务，数据提供方、数据购买方都是经交易平台审核认证、自愿从事数据买卖的实体公司。数据提供方往往选择一种交易平台支持的交易方式对数据自行定价出售，并按特定交易

① 《全国首家大数据交易所在贵阳成立》，载新华网，http：//www. xinhuanet. com//politics/2015-04/20/c_ 127710225. htm，最后访问时间：2021 年 12 月 2 日。

方式设定数据售卖期限及使用和转让条件。(3) 数据平台 B2B2C 分销集销混合模式：数据平台以数据经纪商（data broker）身份，收集用户个人数据并将其转让、共享给他人。① 在数据交易的三种主要模式中，第三种数据平台 B2B2C 分销集销混合模式发展迅速，目前已经形成相当市场规模，塑造了数据经纪产业。

作为数字时代的重要战略资源，数据具有相当的商业价值，是数字经济时代的重要生产要素，而数据交易则是满足数据供给和需要的最主要方式，明确数据交易的法律地位，是满足现实需求、助力数字经济发展的重要表现，是当前数据交易制度发展的制度基础。数据安全法体现了国家对合法数据交易的支持，或将有利于推动数据的挖掘和利用，促进数据流动，最大限度地实现数据商业价值的最大化，同时为数据交易制度提供了兼顾安全和发展的原则性规定，有利于在保障安全的基础上，促进数据有序流动，激励相关主体参与到数据交易活动中来，充分释放数据红利。

【适用指南】

尽管数据安全法填补了数据交易的法律规定空缺，但数据安全法中对于数据交易管理制定的规定仍然较为原则和抽象。切实阻碍数据交易正常运行的诸多难题，仍有待解决。因此，我国有关部门，接下来须基于本法的规定，进一步细化数据交易的相关管理规范，逐一解决数据交易各环节中存在的问题。此外，对于数据经营者而言，本条的规定，无疑是为数据交易业务的开展打了一剂强心针。与通过“数据黑产”链条买卖数据不同，国家建立健全数据交易管理制度，规范数据交易平台，经营者则可以通过交易平台“光明正大”地交易数据，既合法合规，也有安全保障。最后，数据经营者们也应当积极参与到数据交易管理制度的建设工作中，并结合长期的实践经验和积累，为构建健康、有序的数据交易市场建言献策，推动数据交易合法合规发展。

【相关规定】

《中华人民共和国数据安全法》第五条、第七条、第三十三条、第四十七条；《中华人民共和国民法典》第一百二十七条。

---

① 北京市京师（深圳）律师事务所数据合规项目组：《浅析大数据交易平台及其交易规则》，载微信公众平台，https：//mp. weixin. qq. com/s/GTyd24n857jntc-z5Ao0PA，最后访问时间：2021 年 9 月 12 日。

第二十条　【教育培训与人才培养】 国家支持教育、科研机构和企业等开展数据开发利用技术和数据安全相关教育和培训，采取多种方式培养数据开发利用技术和数据安全专业人才，促进人才交流。

【条文主旨】

本条是关于数据开发利用技术和数据安全相关教育和培训以及专业人才培养的规定。

【条文理解】

“功以才成，业由才广”，人才是引领创新发展的核心动力。“世上一切事物中人是最可宝贵的，一切创新成果都是人做出来的。硬实力、软实力，归根到底要靠人才的实力。”① 人才是宝贵的、重要的，那么人才从何而来？离不开教育、培训和其他方式的培养。数据开发利用技术和数据安全是当前社会发展面临的重要课题，急需大量专业的、复合型的人才加入其中。数据安全法第二十条规定了与数据相关的教育、培训以及人才培养，为今后数据相关的教育或培训业务提供了法律基础，也鼓舞了更多人才投身到数据利用和安全协调发展的工作中来。

关于开展教育和培训的主体，在本条起草的过程中，数据安全法草案的第一次审议稿和第二次审议稿中曾采用的是“高等学校、中等职业学校、科研机构和企业”，最终现行法统称为“教育、科研机构和企业”。后者的表述更佳，一方面是因为“教育机构”可以涵盖“高等学校、中等职业学校”，另一方面也使得法律文本的表述更加简洁、精练。根据《中华人民共和国教育法》的规定，我国的教育形式，不仅包括学前教育、初等教育、中等教育和高等教育，还包括专业人才继续教育以及各类研修培训教育。此外，国家还鼓励企业事业组织、社会团体及其他社会组织同高等学校、中等职业学校在教学、科研、技术开发和推广等方面进行多种形式的合作。因此，在我国，可以采取多种方式来培养数据开发利用技术和数据安全专业人才。

---

① 《归根到底要靠人才实力》，载人民网，http://qh.people.com.cn/n2/2020/1130/c182775-34445926.html，最后访问时间：2021 年 11 月 9 日。

“一年之计，莫如树谷；十年之计，莫如树木；终身之计，莫如树人。”“十年树木，百年树人。”人才培养的特殊性，决定了其不是一项“立竿见影”的工作，而是一项长久之计。因此，很多国家早早就开始了数据相关的技术与安全方面的人才培养，且非常重视与数据相关的跨领域、跨学科的复合型人才的培养，“数据+法律”则是其中一个重要的培养方向。我们近年来也加大了对于“数据+法律”人才的培养力度，例如许多高校法学院开始设立与大数据、人工智能等科技相关的法学专业方向。

除高校、科研机构提供的教育途径外，市场也出现了很多专业培训机构，专门为学员提供数据相关的技术开发、数据管理、商业利用、风险防控等技能培养，有些还可以提供培训合格的证书。此外，各类国际、国内的数据相关的研讨会或交流会，也为不同领域的人才进行沟通交流和思想碰撞提供了平台。当前，我国数据相关的人才还十分短缺，尤其是具有一定经验积累的复合型人才，因此，有必要加大投入力度，通过不同的方式提供数据相关的教育和培训，同时采取多种配套措施，激励和保障人才加入数据开发利用技术和数据安全发展的事业。

【适用指南】

本条是对数据开发利用技术和数据安全相关教育和培训以及专业人才培养的规定，适用的主体包括国家、教育机构、科研机构、企业、其他社会组织以及个人。从法律适用的角度而言，（1）国家：本条规定是方向性的指引，仍较为原则和抽象，有待各级人民政府进一步出台支持和促进方面的配套政策和具体措施。此外，各级人民政府及其有关部门应当组织开展经常性的数据安全宣传教育活动，并指导、督促有关单位做好数据安全的宣传教育工作。（2）教育机构、科研机构等：应积极筹划数据利用和数据安全相关的教育体制设计，让相关课程走进课堂，走向学生，使得感兴趣的学生有机会接触和学习到这部分知识。（3）企业和其他社会组织：一方面，可以加入专业培训的行列，并基于自身特长，传播有益经验和知识积累，让更多的同业人员可以一同进步和学习；另一方面，也应当做好自身人才队伍的建设，通过内部规章制度的激励，鼓励员工根据岗位要求和职业发展需要，积极参加数据开发利用技术和数据安全相关的教育和培训，完善知识结构、增强创新能力、提高专业水平。此外，也要设立规章制度，定期对相关从业人员，尤其是涉及国家安全和公共利益的从业人员，进行数据安全教育、技术培训和技能考核，同时建立好数据安全事件的应急预案。（4）个人：数据产业的发展和数据安全的维护，最终依赖的还是个人，因此，个人应该持续加强自身的专业技能培养，不断精进，勇于探险，同时也要乐于交流和奉献，积极帮助同业人员一同学习、成长和进步。

【相关规定】

《中华人民共和国数据安全法》第二十七条；《中华人民共和国网络安全法》第三条、第十九条、第二十条、第三十四条；《中华人民共和国教育法》第二十条、第二十六条、第二十七条、第四十一条、第四十七条；《专业技术人员继续教育规定》第四条、第五条、第七条、第九条、第十条、第十六条、第十八条；《教育培训及相关产业统计分类（2020）》；《国务院关于加强职业培训促进就业的意见》。

案例解读

数据安全法帮助老年人跨越“数字鸿沟”①

【背景简介】

随着信息技术快速发展、移动互联网深度普及，社会公众的生产生活方式也发生了深刻改变，很多社会公共服务都搬到了网上，人们足不出户就能够办各种事情，极大地方便了群众。但与此同时，一部分老年人因为不会上网、不会使用智能手机而无法享受智能化服务带来的便利。如何帮助老年人跨越“数字鸿沟”，让他们能够跟大多数人一样，充分享受信息技术带来的便捷，是摆在有关部门、企业、社会面前的一道现实课题。

【案例焦点】

一些手机程序、智能化设备、网站等没有充分照顾老年用户，导致老年人与现代社会之间形成一道“数字鸿沟”。例如，就医是老年人生活中的高频需求，越来越多的医院开发了小程序，要求患者提前预约挂号，使用智能化自助服务。很多医院不提前预约就不能现场挂号。但是，这可让

---

① 《帮助老年人跨过“数字鸿沟”》，载《人民日报》2020年12月21日。

不少老年人犯了难。

据中国互联网络信息中心发布的第四十六次《中国互联网络发展状况统计报告》显示，截至2020年6月，我国60岁以上的网民数量仅有约0.97亿人。这意味着，我国还有许多老年人仍没有享受到上网的便利。随着越来越多的社会公共服务搬到网上，线下办理途径不断萎缩甚至消失，老年人的处境需要全社会给予更多关注。

【专家评析】

近年来，智能科技飞速发展，带动了数字经济的腾飞，也极大地便利了人们的日常生活。然而，在信息化技术和智能科技产品推行的时候，有一群特殊的人却被拒之门外，他们不仅无法享受新兴科技带来的时代红利，而且在日常的生活中都会遭遇巨大的阻碍。这群人就是老年人，随着生命的自然增长，他们的反应力、学习力、行动力均有所减缓。在智能科技产品日新月异的今天，他们曾一度遭遇就医难、消费难、出行难、办事难、就餐难等困境。这让我们不免心酸，同时也让我们陷入反思。

造成老年人与现代社会之间出现“数字鸿沟”的原因，既有老年人自身生理、心理方面的因素，也有社会对公共服务缺乏全面考虑的因素。针对“数字鸿沟”问题，2020年11月，国务院办公厅发布《关于切实解决老年人运用智能技术困难的实施方案》，提出要针对老年人在日常生活中的应用困难，组织行业培训机构和专家开展专题培训，提高老年人对智能化应用的操作能力；鼓励亲友、村（居）委会、老年协会、志愿者等为老年人运用智能化产品提供相应帮助；引导厂商针对老年人常用的产品功能，设计制作专门的简易使用手册和视频教程。工业和信息化部、中国残疾人联合会也于2020年9月发布《关于推进信息无障碍的指导意见》，明确提出加强信息无障碍法规制度建设，加快推广便利普惠的电信服务，扩大信息无障碍终端产品供给，加快推动互联网无障碍化普及等主要任务。

基于以上背景，数据安全法第十五条也对这一问题进行了回应：“国家支持开发利用数据提升公共服务的智能化水平。提供智能化公共服务，应当充分考虑老年人、残疾人的需求，避免对老年人、残疾人的日常生活造成障碍。”这一规定不仅突出了数据在我国智能化公共服务中的重要作用，同时也回应了社会和人民群众的需求，体现了国家对特殊人群的人文关怀。

那么接下来，如何帮助老年人以及残疾人等特殊群体跨越智能科技时代的“数字鸿沟”，则是一项需要国家、社会、企业以及个人共同努力的工程。一方面，要尊重生命发展的客观规律，不能忽略甚至歧视特殊群体，要切实了解老年人的难点和痛点，坚持传统服务和智能服务相结合，如不得歧视、排斥使用现金；保留老年人熟悉的传统线下办事渠道，如医院、政务办事处中的人工窗口；在车站、机场、公园、银行、医院、商场等公共场所建立“无码绿色通道”等。另一方面，也要积极探索能够让他们适应和接受的智能科技产品，积极参与智能产品适老化改造，开发符合老年人使用特点的大屏幕、大音量设备和大字体、简易化的操作系统，如智能终端设备中的“老年模式”或者“无障碍模式”等，着重消除老年人和残疾人等信息障碍群体在信息消费资费、终端设备、服务与应用等方面的障碍。我们要帮助这些特殊群体跨越“数字鸿沟”，让他们能用、会用、敢用、想用智能科技产品，跟上时代发展的步伐，共同感受时代进步给人民带来的幸福感、获得感和安全感，共创一个有温度、有情怀的智能科技时代。

第三章　数据安全制度

第二十一条　【分类分级制度】 国家建立数据分类分级保护制度，根据数据在经济社会发展中的重要程度，以及一旦遭到篡改、破坏、泄露或者非法获取、非法利用，对国家安全、公共利益或者个人、组织合法权益造成的危害程度，对数据实行分类分级保护。国家数据安全工作协调机制统筹协调有关部门制定重要数据目录，加强对重要数据的保护。

关系国家安全、国民经济命脉、重要民生、重大公共利益等数据属于国家核心数据，实行更加严格的管理制度。

各地区、各部门应当按照数据分类分级保护制度，确定本地区、本部门以及相关行业、领域的重要数据具体目录，对列入目录的数据进行重点保护。

【条文主旨】

本条是关于数据分级分类保护制度的规定，如重要数据、国家核心数据等方面的规定。

【条文理解】

一、分类分级制度

分类分级制度是我国目前重要的安全保护手段，此前被主要应用于网络安全保护，如《中华人民共和国网络安全法》第二十一条第一款第四项规定，网络运营者应当采取数据分类、重要数据备份和加密等措施；第三十一条规定："国家对公共通信和信息服务、能源、交通、水利、金融、公共服务、电子政务等重要行业和领域，以及其他一旦遭到破坏、丧失功能或者数据泄露，可能严重危害国家安全、国计民生、公共利益的关键信息基础设施，在网络安全等级保护制度的基础上，实行重点保护……”

自《中华人民共和国网络安全法》实施以来，网络安全领域的分类分级保护已经取得了良好的效果，各层级、各行业、各主体纷纷根据自身业务与活动制定了相应的分类分级管理制度，相关标准也不断出现。鉴于网络安全领域已经取得的效果和经验，有关部门在《中华人民共和国数据安全法（草案）》进行二审时提出，网络安全法已要求网络运营者按照网络安全等级保护制度采取相应措施，保障数据安全，建议草案有关制度与网络安全等级保护制度做好衔接。因此，数据安全法草案二审稿及正式法条中纳入了数据分类分级保护制度，首次在法律层面将分类分级制度应用于数据保护领域，明确了“重要数据”，首次提出了“国家核心数据”，将其提升为一项基本原则与制度，并确立了由国家层面制定制度要求、地方与企业层面配合执行的“由上而下”的分类分级制度，使得数据分类分级成为一项法定义务。

数据分类是指将相同属性或特征的数据进行集合并形成不同的数据类别，这种作为分类依据的属性或者特征多从业务领域或者数据管理领域角度出发。数据分类通常是数据资产管理的第一步，也是数据分级的前置步骤，能够方便数据的查询、识别、管理、保护和使用等操作。

数据分级是指根据数据的敏感程度和数据遭泄露、破坏后，对国家安全、社会秩序、公共利益以及公民、法人和其他组织的合法权益（受侵害客体）的危害程度，将其确定为不同的安全等级，便于根据数据的不同安全等级采取相匹配的保护措施，从而使数据安全工作有所侧重，提升安全保护效率。

与本法“由上而下”的思路不同的是，以往的数据分类分级保护体系多采用“由下而上”的制度思路，换言之，即由各主体分别制定本区域内或者本机构内部的数据分类分级保护制度，对数据进行分类的维度主要基于不同的业务条线，对数据进行分级的维度主要基于数据安全事件对数据的完整性、保密性、可用性的影响后果，而各主体之间并不相互衔接配合，也没有全国统一的标准体系，因而“由下而上”也可称为“由内而外”，例如国务院办公厅于 2018 年 3 月 17 日发布的《科学数据管理办法》、天津市互联网信息办公室于 2019 年 6 月 26 日印发的《天津市数据安全管理办法（暂行）》、贵州省人民代表大会常务委员会于 2019 年 8 月 1 日通过的《贵州省大数据安全保障条例》、工业和信息化部办公厅于 2020

年2月27日印发的《工业数据分类分级指南（试行）》、中国人民银行分别于2020年2月13日和2020年9月23日发布实施的《个人金融信息保护技术规范》与《金融数据安全 数据安全分级指南》。

“由上而下”则是从便于政府规制监管的角度出发，建立国家层面的、统一的数据分类分级保护制度框架。在这一体系框架中，国家及各主管部门负责指导与监督，制定分类分级制度的标准、要求、做法，划定重要数据范围，明确国家核心数据，建立数据安全监管平台，各行业企业只需根据国家的分级分类框架和要求对自身的数据进行分类和保护即可。因此，“由上而下”也可称为“由外而内”，其更加符合总体国家安全观的要求。

有研究机构统计，2020年全球数据泄露的数量超过过去15年的总和，高价值特殊敏感的数据泄露风险加剧，比如政务医疗、商务、交通等数据是关注的焦点，数据交易黑、灰地下产业链活动猖獗，尤其是用户账号、密码、网银账户、电话号码等是交易的热点。①

本法立法思路的改变，在一定程度上体现了我国对数据安全的愈加重视，由国家安全、网络安全以及数据安全所组成的安全法律体系将不断进行完善和重要变革，即由国家层面统一谋划和审慎布局，从总体国家安全观角度出发，快速构建起符合当前国际竞争严峻形势的安全制度。

二、重要数据

根据全国人大宪法和法律委员会、全国人大常委会法制工作委员会的立法说明，一审稿对地方、部门制定重要数据目录作了规定后，一些常委委员和地方、部门、企业、专家提出，应由国家层面确定重要数据目录，再由地方、部门据此制定具体目录。宪法和法律委员会经研究，建议在草案二审稿相关条款中规定，国家建立数据分类分级保护制度，确定重要数据目录，加强对重要数据的保护；各地区、各部门按照规定确定本地区、本部门以及相关行业、领域的重要数据具体目录。②

作为一部基础性法律，《中华人民共和国数据安全法》对于数据分类分级制度的规定较为宏观，何为重要数据？何为国家核心数据？如何有效保护重要数据以及国家核心数据？如何更新和认定？一系列问题尚待下位立法或者有关标准规范的明确，为各地区、各部门根据本地区、本部门、

---

① 《去年全球数据泄露数量超过去15年总和》，载澎湃新闻，https：//www.thepaper.cn/newsDetail_ forward_ 13591270，最后访问时间：2021年11月10日。

② 《全国人民代表大会宪法和法律委员会关于〈中华人民共和国数据安全法（草案）〉修改情况的汇报》，载中国人大网，http：//www.npc.gov.cn/npc/c30834/202106/6afa1aa6b29e431db28b5a659ed27b83.shtml，最后访问时间：2021年11月10日。

本行业特点开展重要数据保护工作预留了灵活空间。其实，在本法出台之前，已有相关法规和标准对重要数据进行了规定，例如《中华人民共和国网络安全法》第三十七条规定，关键信息基础设施运营者掌握的重要数据境内存储及出境应进行安全评估，提出重要数据的概念；2017 年，《信息安全技术 数据出境安全评估指南（征求意见稿）》中提出了重要数据的完整定义，并列举了 28 个行业的重要数据类型、范围。

《信息安全技术 数据出境安全评估指南（征求意见稿）》附录的《重要数据识别指南》中列举了电力、通信、电子信息、装备制造、国防军工、地理信息、交通运输、金融、征信、电子商务及其他共计 27 个行业的重要数据范围，根据《重要数据识别指南》，重要数据是指相关组织、机构和个人在境内收集、产生的不涉及国家秘密，但与国家安全、经济发展以及公共利益密切相关的数据（包括原始数据和衍生数据），一旦未经授权披露、丢失、滥用、篡改或销毁，或汇聚、整合、分析后，可能造成以下后果：

（1）危害国家安全、国防利益，破坏国际关系；（2）损害国家财产、社会公共利益和个人合法利益；（3）影响国家预防和打击经济与军事间谍、政治渗透、有组织犯罪等；（4）影响行政机关依法调查处理违法、渎职或涉嫌违法、渎职行为；（5）干扰政府部门依法开展监督、管理、检查、审计等行政活动，妨碍政府部门履行职责；（6）危害国家关键基础设施、关键信息基础设施、政府系统信息系统安全；（7）影响或危害国家经济秩序和金融安全；（8）可分析出国家秘密或敏感信息；（9）影响或危害国家政治、国土、军事、经济、文化、社会、科技、信息、生态、资源、核设施等国家安全事项。

随着《中华人民共和国数据安全法》的出台实施，国家、地区、行业层面将颁布更多、规范效力更强的重要数据目录，如《数据安全管理办法》等，各行业（领域）主管部门也应结合实际明确本行业（领域）重要数据定义、范围或判定依据，并根据行业（领域）发展变化，及时更新或替换本指南中相关内容，重要数据的界定标准将更加清晰。

三、先行先试经验

在政策层面，2015 年 8 月 31 日，国务院印发《促进大数据发展行动纲要》，要求建立标准规范体系，推进大数据产业标准体系建设，加快建立政府部门、事业单位等公共机构的数据标准和统计标准体系，推进数据采集、政府数据开放、指标口径、分类目录、交换接口、访问接口、数据质量、数据交易、技术产品、安全保密等关键共性标准的制定和实施；

2016年12月18日，工信部印发《大数据产业发展规划（2016—2020年）》，要求加快研制重点国家标准，围绕大数据标准化的重大需求，开展数据资源分类、开放共享、交易、标识、统计、产品评价、数据能力、数据安全等基础通用标准以及工业大数据等重点应用领域相关国家标准的研制。2020年2月27日，工业和信息化部办公厅印发《工业数据分类分级指南（试行）》，范围包括工业领域产品和服务全生命周期产生和应用的数据，并根据企业类型不同将数据分为工业企业工业数据和平台企业工业数据两个分类维度，不同分类维度又细分若干小类别，所有数据根据不同类别工业数据遭篡改、破坏、泄露或非法利用后可能对工业生产、经济效益等带来的潜在影响，分为一级、二级、三级等3个级别。此外，还有国务院办公厅2018年3月17日发布的《科学数据管理办法》等。

在标准层面，《数据管理能力成熟度评估模型》（Data Management Capability Maturity Assessment Model，DCMM）是我国数据管理领域首个国家标准。该标准将组织对象的数据管理划分为八大能力域（数据战略、数据治理、数据架构、数据标准、数据质量、数据安全、数据应用、数据生存周期），并对每项能力域进行了二级能力项（28个能力项）和成熟度等级的划分（初始级、受管理级、稳健级、量化管理级、优化级）。此外，还有《工业数据分级分类指南（试行）》《基础电信企业数据分类分级方法》《个人金融信息保护技术规范》《证券期货业数据分类分级指引》《金融数据安全 数据安全分级指南》等行业数据分级分类的国家标准。

在地方层面，2021年8月5日，浙江省《数字化改革 公共数据分类分级指南》（以下简称《指南》）正式实施。作为我国首个省级公共数据分类分级地方标准，《指南》根据公共数据具有的共同属性或特征，从数据管理、业务应用、安全保护、数据对象四大维度，将公共数据分成30余个子项；根据公共数据遭泄露、破坏后，对国家安全、社会秩序、公共利益以及对公民、法人和其他组织的合法权益（受侵害客体）的危害程度，确定了公共数据的安全级别，共分为4级，由高至低分别为：敏感数据（L4级）、较敏感数据（L3级）、低敏感数据（L2级）、不敏感数据（L1级）。此外，还有天津市互联网信息办公室2019年6月26日印发的《天津市数据安全管理办法（暂行）》、贵州省人民代表大会常务委员会2019年8月1日通过的《贵州省大数据安全保障条例》等。

实际上，一些重要的办案文件已经对电子数据的类型进行了划分。例如，《人民检察院办理网络犯罪案件规定》第二十七条便把电子数据分成了7种类型，具体包括网络平台发布的信息、网络通讯信息、用户身份信息、用户行为信息、行为工具信息、系统运行信息、文件附属信息；《人民检察院办理网络犯罪案件规定》第二十七条中规定的网络通讯信息中的内容信息、用户生物识别信息，便应当属于刑事程序中需要特别保护的重要数据，在侦查取证时需要“经过严格的批准手续”，从而对数据安全进行有效保护。当然，对于刑事程序中“重要数据”的详细范围以及分级分类保护的具体办法，还需要进一步的研究加以明确。

【适用指南】

对于科技企业而言，应及时开展数据分类分级管理工作，密切关注国家及地方行业主管部门发布的数据分类分级目录等要求，精确掌握国家重要数据以及核心数据目录，针对不同类型、级别的数据在存储、权限、脱敏、开发等方面严格按照规定采取相应的保护措施（比如明确数据安全负责人和管理机构、落实数据安全保护责任，定期开展风险评估并向主管部门报告，采取更高级别的技术安全措施等），并根据实际情况以及重要数据目录颁布情况，对现有体系作出适当调整。

对于落入重点数据或国家核心数据范畴的数据，应建立高于一般数据的保护机制，如设立数据安全负责人和管理机构，其设置可以参考个人信息保护机构或负责人（DPO）的思路；建立重要数据处理活动风险评估机制，全面评估不同场景下各类数据面临的安全风险，并提出应对措施。

根据《中华人民共和国网络安全法》和其他相关法律法规，互联网服务提供商需要采取措施，通过遵守安全保护义务，制定网络安全应急预案，为公安和国家安全机关提供技术援助和支持，确保互联网安全。此外，对用户个人信息的任何收集、处理和使用都必须征得用户的同意，必须合法、合理和必要，并限制在特定的目的、方法和范围。网络服务提供者也必须对这些信息严格保密，并进一步禁止泄露、篡改或销毁任何此类信息，或将此类信息非法出售或提供给其他方。如果不遵守上述法律和法规，互联网服务提供商可能会受到行政处罚，包括但不限于罚款、暂停业务经营、关闭网站、吊销执照甚至刑事责任。

《中华人民共和国数据安全法》规定了开展数据活动的实体和个人的数据安全和隐私义务。《中华人民共和国数据安全法》还根据数据在经济和社会发展中的重要性，以及这些数据被篡改、破坏、泄露或被非法获取或使用时对国家安全、公共利益、个人或组织的合法权益的危害程度，引入了数据分类和分级保护制度。对于每一类数据，都需要采取适当的保护措施。例如，重要数据的处理者应指定负责数据安全的人员和管理机构，对其数据处理活动进行风险评估，并向主管部门提交风险评估报告。此外，《中华人民共和国数据安全法》对那些可能影响国家安全的数据活动规定了国家安全审查程序，并对某些数据和信息规定了出口限制。由于《中华人民共和国数据安全法》颁行不久，我们可能需要进一步调整我们的商业惯例，以符合该法律的规定。

【相关规定】

《中华人民共和国网络安全法》第二十一条、第三十一条、第三十七条；《科学数据管理办法》；《证券基金经营机构信息技术管理办法》；《天津市数据安全管理办法（暂行）》；《贵州省大数据安全保障条例》；《促进大数据发展行动纲要》；《大数据产业发展规划（2016—2020年）》；《证券期货业数据分类分级指引》；《工业数据分类分级指南（试行）》。

第二十二条　【监测预警制度】国家建立集中统一、高效权威的数据安全风险评估、报告、信息共享、监测预警机制。国家数据安全工作协调机制统筹协调有关部门加强数据安全风险信息的获取、分析、研判、预警工作。

【条文主旨】

本条是关于国家建立数据安全风险获取、分析、研判、预警工作协调机制的规定。

【条文理解】

本条是对《中华人民共和国国家安全法》及《中华人民共和国网络安全法》所规定的风险监测预警制度的借鉴与衔接。《中华人民共和国国家安全法》第四章第三节建立了风险预防、评估和预警的相关制度，规定国家制定完善应对各领域国家安全风险预案，数据安全风险评估、报告、信息共享、监测预警机制是《中华人民共和国国家安全法》规定的风险预防、评估和预警相关制度在数据安全领域的具体落实；《中华人民共和国网络安全法》第五十一条规定，"国家建立网络安全监测预警和信息通报制度。国家网信部门应当统筹协调有关部门加强网络安全信息收集、分析和通报工作，按照规定统一发布网络安全监测预警信息。”

当前，我国无论是网络安全，还是信息安全与数据安全，都面临越来越严峻的形势，诸多安全风险并存，安全事件频发。鉴于此，有必要按照“早发现、早报告、早处置”的原则，建立高效的国家数据安全风险评估、报告、信息共享、监测预警制度，有效应对数据安全威胁。《中华人民共和国数据安全法》建立数据安全风险评估、报告、信息共享、监测预警和应急处置机制，通过对数据安全风险信息的获取、分析、研判、预警以及数据安全事件发生后的应急处置，实现数据安全事前、事中和事后的全流程保障。从制度衔接上看，数据安全风险评估、报告、信息共享、监测预警机制是国家安全制度的组成部分。从保护阶段上看，数据安全风险评估、报告和信息共享构成了数据安全保护的事前保护义务，监测预警机制构成了数据安全保护的事中保护义务，数据安全事件的应急处置机制形成了对数据安全的事后保护。①

在技术飞速发展的今天，不管是数据安全的风险评估、报告、信息共享、监测预警，还是风险信息的获取、分析、研判、预警，都应当主动借助人工智能和大数据技术开展，以提升效率、质量，快速高效精准地判断数据安全风险。其中，数据安全检测，是指采取技术手段进行实时监控，从而掌握目标数据的全面流转情况，发现数据安全风险的活动。数据安全监测是及时、准确预警和有效管控数据安全风险的前提和基础，应当从制度建设入手，明确机构人员，细化职责分工，同时配备专业设备设施，形成系统、高效、实时共享的数据安全监测体系；数据安全预警，是指在数据安全风险发生蔓延并造成实际危害之前，通过对数据安全监测所获取的信息进行分析和风险评估，向有关部门和社会发出警示。对数据安全风险进行预警，便于有关方面及时采取必要措施，防范或者应对数据泄露、黑客攻击等现象，保障数据的完整性、保密性、可用性。

数据风险监测预警的有效与否，在很大程度上需要主管部门的统一安排与协调，以及相关部门的高效配合，因而本条规定了国家数据安全工作协调机制。《中华人民共和国数据安全法》第六条明确了国家各个层级对数据安全的职责定位，明确指出各行业监管、公安机关、国家安全机关、国家网信部门在各自职责范围内，承担数据安全监管职责，统筹协调网络数据安全和相关监管工作，建立起了数据安全协同治理体系，为国家数据

---

① 《专家解读｜〈中华人民共和国数据安全法〉为全球数据安全治理贡献中国智慧和中国方案》，载中国网信网，http：//www.cac.gov.cn/2021－06/15/c_1625341228851523.htm，最后访问时间：2021 年 10 月 15 日。

安全工作协调机制的建立奠定了基础。

数据安全工作涉及众多部门，安全信息来源分散、数据量大，只有相关部门在履行各自职责的基础上，加强沟通、协作，才能形成合力，更有效地采取数据安全风险应对措施。

【适用指南】

1. 根据国家相关评估标准与指南，企业应梳理好公司涉及的数据内容以及应用情况，全面评估和掌握自身数据所面临的安全风险。

2. 企业应建立健全包括数据收集、传输、存储、共享在内的全流程数据安全管理制度，设立数据安全信息平台，与主管部门实现连接和双向反馈，保障企业能够及时、完整地将相关风险信息共享、报告主管部门，并在国家主管部门的统一指导安排下，预防、解决数据安全风险。

3. 企业应加强自身安全责任组织管理、员工访问权限管理、信息系统安全管理、应急事件管理等日常经营流程，设立针对数据安全监测、预警机制，并开展日常数据安全培训与演练，提高自身数据安全监控能力。

【相关规定】

《中华人民共和国网络安全法》第五十一条。

第二十三条　【应急处置制度】国家建立数据安全应急处置机制。发生数据安全事件，有关主管部门应当依法启动应急预案，采取相应的应急处置措施，防止危害扩大，消除安全隐患，并及时向社会发布与公众有关的警示信息。

【条文主旨】

本条是关于国家建立数据安全应急处置机制的规定。

【条文理解】

本条关于“应急处置机制”的规定是较为宏观的原则性规定，也是授权性规定，没有明确“应急处置机制”应如何建设，未说明“应急预案”应如何制定，也未定义“数据安全事件”的概念和范围，而是考虑到不同组织、不同领域以及不同事件的实际情况，授权有关主管部门因地因时制宜，采取相应合适的应急预案。

本条在立法思路与立法精神上与《中华人民共和国网络安全法》一脉相承，《中华人民共和国网络安全法》第二十五条规定了有关网络安全的应急处置机制，即“网络运营者应当制定网络安全事件应急预案，及时处置系统漏洞、计算机病毒、网络攻击、网络侵入等安全风险；在发生危害网络安全的事件时，立即启动应急预案，采取相应的补救措施，并按照规定向有关主管部门报告”。相应地，为建立健全国家网络安全事件应急工作机制，提高应对网络安全事件能力，预防和减少网络安全事件造成的损失和危害，保护公众利益，维护国家安全、公共安全和社会秩序，中央网信办于2017年1月10日印发了《国家网络安全事件应急预案》，系统地提出了应急预案应涵盖的内容和制定方法，包括网络安全事件分级、事件分级、组织机构与职责、监测与预警、应急处置、预防工作、调查与评估、保障措施等，为各机构各部门制定本组织内部的网络安全应急处置机制提供了详细的借鉴与指引，相信随着《中华人民共和国数据安全法》的落地实施，国家制定的数据安全应急处置机制、各主管部门应急预案以及各组织内部的应急处置办法都将迅速出台。

一、数据安全事件

根据《国家网络安全应急预案》，网络安全事件，是指由于人为原因、软硬件缺陷或故障、自然灾害等，对网络和信息系统或者其中的数据造成危害，对社会造成负面影响的事件，具体包括有害程序事件、网络攻击事件、信息破坏事件、信息内容安全事件、设备设施故障、灾害性事件和其他事件。作为对比和借鉴，数据安全事件，是指由于人为原因、软硬件缺陷或故障、自然灾害等，使以电子或者其他方式记录信息的数据遭到篡改、破坏、泄露或者被非法获取、非法利用，对国家安全、公共利益或者个人、组织合法权益造成危害的事件，具体可包括数据攻击事件、设备设施故障、灾害性事件和其他事件。

数据攻击事件，是指通过网络或其他技术手段，信息系统中的数据被篡改、假冒、泄露、窃取等而造成系统损失或社会影响的事件。数据攻击事件包括数据篡改、数据假冒、数据泄露、数据窃取、数据拦截、数据丢

失、数据错误、数据勒索等事件，说明如下：①

（1）数据篡改（TWD）：是指未经授权接触或修改数据，例如服务请求数据篡改、服务响应数据篡改等等；

（2）数据假冒（DC）：是指非法或未经许可使用、伪造系统数据，例如身份数据假冒、网页数据假冒等；

（3）数据泄露（DLE）：是指通过技术手段或恶意操作使得信息系统中的数据对外透露，例如社会工程、网络钓鱼等；

（4）数据窃取（ToD）：是指未经授权利用技术手段恶意主动获取信息系统中的数据，例如窃听、间谍、位置检测等；

（5）数据拦截（DIN）：是指在数据到达目标接收者之前捕获数据；

（6）数据丢失（DLO）：是指因误操作、人为蓄意或软硬件缺陷等因素导致信息系统中的数据缺失；

（7）数据错误（DE）：是指输入或处理数据时发生错误；

（8）数据勒索（DB）：是指主动瞄准目标，通过劫持信息系统重要数据或个人敏感信息向目标勒索赎金，从而达到敲诈的目的；

（9）其它数据攻击（ODA）：是指不能被包含在以上子类之中的数据攻击。

设备设施故障、灾害性事件，是指由于系统设备出现故障或者遭遇自然灾害等不可抗力而导致的数据安全事件，这里的设备多指数据存储设备。

二、应急预案

无论是网络安全事件，还是数据安全事件，都属于总体国家安全观体系之内，关系到经济安全、文化安全、社会安全等国家安全体系。近年来，我国出台或修订了多项法律法规、规范性文件以及标准，对突发事件、公共事件、网络安全事件等事件的应急处理与预案进行了科学合理的规定，从事前、事中、事后的角度构建了一系列有效措施，例如《中华人民共和国突发事件应对法》《中华人民共和国网络安全法》《国家突发公共事件总体应急预案》《公共互联网网络安全突发事件应急预案》《关于信息安全等级保护工作的实施意见》《国家网络安全事件应急预案》《突发事件应急预案管理办法》《信息安全技术　信息安全事件分类分级指南》等。

---

① 《信息安全技术 信息安全事件分类分级指南》，载全国信息安全标准化技术委员会官网，http：//www. djbh. net/webdev/file/webFiles/File/jsbz/201232395947. pdf，最后访问时间：2021 年 11 月 10 日。

根据以上规定，应急预案应包括但不限于以下内容：

（一）原则

突发事件应对工作实行预防为主、预防与应急相结合的原则。国家建立重大突发事件风险评估体系，对可能发生的突发事件进行综合性评估，减少重大突发事件的发生，最大限度地减轻重大突发事件的影响。

积极防御、综合防范。立足安全防护，加强巡查预警，重点保护基础信息网络和重要信息系统。

明确责任、分级负责。按照“谁主管谁负责、谁运营谁负责”的原则，落实应急处置工作责任。

以人为本、快速反应。把保护信息系统数据作为处置重点，防止个人信息遭窃或数据资料丢失，果断决策，迅速处置。

依靠科学、平战结合。加强技术储备、规范应急处置操作，定期进行预案演练，确保应急预案切实可行。

（二）组织机构与职责

要规定应急处置机制的组织体系、运行机制，明确相关各方的职责和任务。例如，国家层面专项和部门应急预案侧重明确突发事件的应对原则、组织指挥机制、预警分级和事件分级标准、信息报告要求、分级响应及响应行动、应急保障措施等，重点规范国家层面应对行动，同时体现政策性和指导性；省级专项和部门应急预案侧重明确突发事件的组织指挥机制、信息报告要求、分级响应及响应行动、队伍物资保障及调动程序、市县级政府职责等，重点规范省级层面应对行动，同时体现指导性；市县级专项和部门应急预案侧重明确突发事件的组织指挥机制、风险评估、监测预警、信息报告、应急处置措施、队伍物资保障及调动程序等内容，重点规范市（地）级和县级层面应对行动，体现应急处置的主体职能；乡镇街道专项和部门应急预案侧重明确突发事件的预警信息传播、组织先期处置和自救互救、信息收集报告、人员临时安置等内容，重点规范乡镇层面应对行动，体现先期处置特点。

同时，各层级组织机构内部应明确分工，结合本地区、本部门和本单位具体情况，编制应急预案操作手册，内容一般包括风险隐患分析、处置工作程序、响应措施、应急队伍和装备物资情况，以及相关单位联络人员和电话等。

（三）预测与预警

各地区、各部门要针对各种可能发生的突发公共事件，完善预测预警机制，建立预测预警系统，开展风险分析，做到早发现、早报告、早处置。

（四）事件分级

按照突发事件发生的紧急程度、发展势态和可能造成的危害程度分为一级、二级、三级和四级，一级为最高级别。

（五）信息报告

有关主管部门应当按照国家有关规定向上级部门报送突发事件信息。县级以上人民政府有关主管部门应当向本级人民政府相关部门通报突发事件信息。专业机构、监测网点和信息报告员应当及时向所在地人民政府及其有关主管部门报告突发事件信息。有关单位和人员报送、报告突发事件信息，应当做到及时、客观、真实，不得迟报、谎报、瞒报、漏报。

（六）先期处置

事件发生后，当地主管部门在报告特别重大、重大突发公共事件信息的同时，要根据职责和规定的权限启动相关应急预案，及时、有效地进行处置，控制事态。

需要多个相关部门共同参与处置的，由该类事件的业务主管部门牵头，其他部门予以协助。

（七）信息发布

履行统一领导职责或者组织处置突发事件的主管部门，应当按照有关规定统一、准确、及时发布有关事件事态发展和应急处置工作的信息。事件的信息发布应当及时、准确、客观、全面，事件发生的第一时间要向社会发布简要信息，随后发布初步核实情况、应对措施和公众防范措施等，并根据事件处置情况做好后续发布工作。

任何单位和个人不得编造、传播有关突发事件事态发展或者应急处置工作的虚假信息。编造并传播有关事件事态发展或者应急处置工作的虚假信息，或者明知是有关事件事态发展或者应急处置工作的虚假信息而进行传播的，应承担法律责任。

（八）责任

责任的承担主体大多包括单位和主要负责人两类，违反义务的后果包括责令改正、警告、罚款以及主管部门的行政处罚。需要注意的是，在《国家网络安全事件应急预案》中，责任形式还包括追究刑事责任，如拒不履行信息网络安全管理义务罪。因此企业需对履行网络安全管理义务采取积极态度并给予充分重视。

在进行内部数据安全应急预案体系建立的过程中，将相应岗位的责任人职责和奖惩机制明确，并且融入培训和演练。此外，可以针对风险环节设置相应的风险隔离机制，如搭建风险共担机构，以更好地降低法律风险。

（九）善后处置

要对特别重大突发公共事件的起因、性质、影响、责任、经验教训和恢复重建等问题进行调查评估，并根据安全事件组织实施恢复救济工作。

【适用指南】

1. 企业应关注本行业主管部门政策规定，明确本行业内数据安全事件的类型、范围，并根据自身实际情况明晰可能将要面临的数据安全事件，在发生相应事件时应第一时间报告。

2. 企业应根据自身实际情况，根据前文所述制定基本应急预案，综合主管部门、技术人员、法律人员等各方主体意见，形成完善、科学、可行的数据安全事件应急预案。

【相关规定】

《中华人民共和国突发事件应对法》；《中华人民共和国网络安全法》第二十五条；《国家突发公共事件总体应急预案》；《公共互联网网络安全突发事件应急预案》；《国家网络安全事件应急预案》；《关于信息安全等级保护工作的实施意见》；《突发事件应急预案管理办法》。

第二十四条　【安全审查制度】国家建立数据安全审查制度，对影响或者可能影响国家安全的数据处理活动进行国家安全审查。

依法作出的安全审查决定为最终决定。

【条文主旨】

本条是关于国家建立数据安全审查机制的规定。

【条文理解】

一、《网络安全审查办法》

本条规定，国家建立数据安全审查制度，对影响或者可能影响国家安全的数据处理活动进行国家安全审查。可以看出，数据安全审查属于国家安全体系之内，其审查的焦点最终必须回归到国家安全这一根本点上来。作为我国安全体系的“四梁八柱”，国家安全审查与网络安全审查制度此前已经确立，并通过对关键信息基础设施运营者进行网络安全审查得以良好实施。

2015 年 7 月 1 日，《中华人民共和国国家安全法》通过并实施，其第三章第五十九条规定：“国家建立国家安全审查和监管的制度和机制，对影响或者可能影响国家安全的外商投资、特定物项和关键技术、网络信息技术产品和服务、涉及国家安全事项的建设项目，以及其他重大事项和活动，进行国家安全审查，有效预防和化解国家安全风险。”

2016 年 11 月 7 日，《中华人民共和国网络安全法》通过并于 2017 年 6 月 1 日实施，其第三章第二节“关键信息基础设施的运行安全”中的第三十五条规定，“关键信息基础设施的运营者采购网络产品和服务，可能影响国家安全的，应当通过国家网信部门会同国务院有关部门组织的国家安全审查”。

为了确保关键信息基础设施供应链安全，维护国家安全，依据《中华人民共和国国家安全法》《中华人民共和国网络安全法》，国家互联网信息办公室、国家发展和改革委员会、工业和信息化部、公安部、国家安全部、财政部、商务部、中国人民银行、国家市场监督管理总局、国家广播电视总局、国家保密局、国家密码管理局共计 12 个部门于 2020 年 4 月联合发布了《网络安全审查办法》。这是我国首部详细规定网络安全审查制度具体操作的部门规章，从审查主体、审查对象、审查范围、审查条件、审查期限、审查程序等方面为主管部门提供了详细指引。

从立法目的和审查对象来看，《网络安全审查办法》（以下简称《办法》）主要将焦点集中在关键信息基础设施运营者方面，根据《办法》第二条和第五条第一款，关键信息基础设施运营者（以下简称运营者）采购网络产品和服务，影响或可能影响国家安全的，应当按照本办法进行网络安全审查；运营者采购网络产品和服务的，应当预判该产品和服务投入使用后可能带来的国家安全风险。影响或者可能影响国家安全的，应当向网络安全审查办公室申报网络安全审查。从审查范围来看，立法者显然是将数据安全作为网络安全的一部分作为审查时重点考虑的因素，《办法》第九条规定，网络安全审查重点评估采购网络产品和服务可能带来的国家安全风险，主要考虑以下因素：

1. 产品和服务使用后带来的关键信息基础设施被非法控制、遭受干扰或破坏，以及重要数据被窃取、泄露、毁损的风险；

2. 产品和服务供应中断对关键信息基础设施业务连续性的危害；

3. 产品和服务的安全性、开放性、透明性、来源的多样性，供应渠道的可靠性以及因政治、外交、贸易等因素导致供应中断的风险；

4. 产品和服务提供者遵守中国法律、行政法规、部门规章情况；

5. 其他可能危害关键信息基础设施安全和国家安全的因素。

虽然《办法》对网络安全审查做出了较为详细且全面的规定，但是以关键信息基础设施运营者审查为抓手的机制仍然存在较大弊端，尤其是在数据安全审查方面，无法满足本法的要求。

第一，从数据范围来看，仅仅审查重要数据被窃取、泄露、毁损的风险对于数据安全而言显然是不够的，非重要数据的窃取、泄露以及毁损同样有可能给国家安全带来威胁和风险，且重要数据的范围和目录尚存在差异，各行业、各部门之间没有统一。

第二，从数据安全风险形式来看，窃取、泄露以及毁损无法有效覆盖当前数据安全所面临的问题，根据本法第三条第二款，数据处理包括数据的收集、存储、使用、加工、传输、提供、公开等，覆盖范围极为广泛，所面临的数据安全风险也必将层出不穷，例如数据跨境、数据交易等同样存在极大威胁。

第三，《办法》将审查对象限定在关键信息基础设施运营者之内，极大地缩小了审查范围，导致审查程序的触发标准较高，难以实现最大限度防范安全风险的目的。

二、《网络安全审查办法（修订草案征求意见稿）》

2021 年 7 月 10 日，在实施 13 个多月之后，国家网信办发布《网络安全审查办法（修订草案征求意见稿）》，《网络安全审查办法》开始了修订工作，主要是为配合《中华人民共和国数据安全法》出台后实施数据安全审查的具体制度需求，以及当前国际竞争新形势下企业国外上市所面临的数据安全审查现实需求。

当前，我国一些企业于国外上市，而这些企业所掌握的数据可以直接或间接地反映我国各区域人口分布、商业热力、人口流动、货物流动、企业经营等情况，能够被用于政治、经济、军事、生物、商业等领域，一旦被国外势力控制，将给我国国家安全和人民生命健康安全带来巨大威胁。

鉴于以上严峻形势，为防范国家数据安全风险，维护国家安全，保障公共利益，依据《中华人民共和国国家安全法》《中华人民共和国网络安全法》，网络安全审查办公室按照《网络安全审查办法》对一些相关企业实施网络安全审查，并对存在严重违法违规收集使用个人信息问题的涉案 App 通知应用商店进行下架。

《中华人民共和国数据安全法》生效之前，针对类似案件的审查主要依据《中华人民共和国国家安全法》和《中华人民共和国网络安全法》，采用“网络安全审查”的方式进行，但通过前文可知，数据安全与网络安全难以分割，互相融合，此次的网络安全审查也必然会对其数据安全进行全面研究。作为呼应，《网络安全审查办法（修订草案征求意见稿）》中设计了专门针对数据安全审查的条款，将《中华人民共和国数据安全法》纳入立法依据，把数据安全审查制度纳入网络安全审查制度范围，进一步充实和完善了审查依据。

三、其他

除《中华人民共和国数据安全法》外，国家在政策、部门规章、规范性文件以及标准层面也密集出台了相关文件，压实主体责任，完善数据安全规范体系。

2021 年 7 月 6 日，中共中央办公厅、国务院办公厅印发《关于依法从严打击证券违法活动的意见》。其中，第五部分要求进一步加强跨境监管合作，完善数据安全、跨境数据流动、涉密信息管理等相关法律法规，压实境外上市公司信息安全主体责任，切实采取措施做好中概股公司风险及突发情况应对。

2021 年 7 月 12 日，工信部发布《网络安全产业高质量发展三年行动计划（2021—2023 年）（征求意见稿）》，对于重视程度不断上升的数据安全，行动计划征求意见稿提出，强化数据安全监测预警和应急处置技术，提高对终端、网络、云以及跨境等场景中数据流动和异常行为监测的广度、深度和准确性，提升事件处置智能化和自动化水平。此外，行动计划征求意见稿还提出了面向电信和互联网、工业互联网、车联网等领域，开展网络安全保险服务试点。

2021 年 7 月 12 日，工信部、国家网信办、公安部印发《网络产品安全漏洞管理规定》，第五条要求，网络产品提供者、网络运营者和网络产品安全漏洞收集平台应当建立健全网络产品安全漏洞信息接收渠道并保持畅通，留存网络产品安全漏洞信息接收日志不少于 6 个月。

2017 年 12 月 29 日，国内首个直接与大数据相关的安全标准《信息安全技术　大数据服务安全能力要求》正式发布，并在 2018 年 7 月 1 日正式实施。该标准由多家单位共同起草，标志着我国正式进入大数据安全审查实践阶段。该标准的制定与发布弥补了我国在大数据方向缺乏安全审查的支撑性相关依据。对大数据服务机构的安全能力建设与第三方机构的大数据服务能力安全审查与评估工作提供指导依据，并促进了大数据安全实践

工作的开展。《信息安全技术 大数据服务安全能力要求》的核心内容包括以下四个方面：①

（1）审查评估对象是大数据服务提供者（即提供大数据服务的机构）。

（2）从基础安全要求和数据服务安全要求两个方面进行安全要求规定。基础安全要求主要涉及大数据服务提供者提供大数据服务时建立的安全策略和规程，数据与资产管理、组织与人员管理、服务规划管理、数据供应链管理和合规性管理；数据服务安全要求主要涵盖数据全生命处理周期过程中的安全要求，从数据采集、数据传输、数据存储、数据处理、数据交换到数据销毁六个方面。

（3）对大数据服务机构进行分级，分为一般要求保护级和增强要求保护级。划分依据主要考察大数据服务中涉及的数据是否为重要数据，大数据服务中断或遭到破坏时对社会利益和国家安全造成的影响程度。凡涉及重要数据，影响到社会利益或国家安全的，均应采用增强级安全要求。

（4）适用对象。政府部门和企事业单位建设大数据服务的机构、大数据服务提供者（提供大数据服务的机构）、第三方安全审查评估者。

针对建立健全数据安全保护的管理机制和技术防护体系，严格数据资源的采集、存储、流动和使用等各个环节，工信部将在国家相关法律和机制框架下，依据职责，围绕以下几方面开展工作，即行业数据安全监管、提升数据安全监管能力建设、促进数据安全产业发展等。一是出台数据安全管理制度。加快制定工业和信息化领域数据安全管理政策，更好地承接《中华人民共和国数据安全法》在行业的实施落地。组织开展行业数据分级分类管理、重要数据目录制定等相关工作，构建行业数据安全领域的标准体系，研究制定车联网、工业互联网等领域的数据安全的重要标准。二是建立数据安全的认证体系。组织研究数据安全保护认证体系，制定行业数据安全保护能力的评定规范。建立由行业组织、科研机构、骨干企业共同参与的评估认证机制，指导开展相关认证工作。三是开展数据安全的监督检查。结合基础电信企业安全考核、“双随机、一公开”检查等监管手段，建立健全行业的投诉举报受理机制，督促企业落实数据安全保护义务。研究建立行业数据安全态势监测和通报机制，完善风险信息分析、研判和处置能力建设。四是促进数据安全产业发展，通过重点实验室、创新技术中心等措施，支持数据安全关键技术攻关。依托单项冠军、专精特新

① 中国软件评测中心：《国内首个大数据安全审查标准即将实施，请看专家解读!》，载赛迪工业和信息化研究院官网，https：//www. ccidgroup. com/info/1105/26395. htm，最后访问时间：2021 年 11 月 11 日。

"小巨人"、产融合作等多种渠道，培育骨干企业。探索开展数据安全特色的学科建设，鼓励校企联合培养数据安全人才。①

2021 年 7 月 20 日，中国人民银行发布《非银行支付机构重大事项报告管理办法》，针对非银行支付机构重大事项报告行为作出了详细要求，于 2021 年 9 月 1 日起正式施行。

【适用指南】

一、明确定位

根据自身业务，判断自身是否符合关键信息基础设施运营者、数据处理者等标准，并据此明确主管部门，收集并了解相关政策、法律法规以及标准，明晰应履行的义务和应承担的责任，做到心中有数。

二、建立数据安全保护组织机制

企业应主动制定完善的数据安全保护组织机制，明确内部数据安全制度及操作规程，明确数据安全工作分工及负责人，组织开展数据安全教育培训，制定并演练数据安全应急预案。

三、数据分类分级

结合自身业务进行数据识别、梳理，对照国家相关数据认定目录与标准，明确自身业务涉及的重要数据、国家核心数据、个人数据等，合理区分数据的重要程度及敏感程度，对用户数量达 100 以上的产品和业务线进行重点关注。

针对不同类别和级别的数据实行对应的保护措施，并判断其处理活动是否会影响国家安全。

四、数据审慎出镜

第一，根据数据出境、数据出口、境外执法调查要求等具体数据处理场景，建立相应的管理制度，对出境数据的合法性、正当性、必要性和对国家安全的影响进行评估。

第二，审慎选择国外上市，在确定国外上市前，进行信息披露要求时严格遵守国内法律法规要求，建立并部署安全评估制度与内部审查流程机制，在符合网络安全审查条件时，主动申请审查。

---

① 《国务院新闻办就 2021 年上半年工业和信息化发展情况举行发布会》，载中国政府网，http：//www. gov. cn/xinwen/2021-07/17/content_ 5625780. htm，最后访问时间：2021 年 11 月 11 日。

第三，建立境外执法调查的常规应对策略，结合后续逐步完善的监管审批要求搭建内部事先评估及响应制度，以同步匹配境内审批要求及境外执法调查义务。

五、网络安全等级保护

按照《中华人民共和国网络安全法》以及《信息安全技术 网络安全等级保护基本要求》《信息安全技术 网络安全等级保护定级指南》等“等级保护2.0”系列标准要求，落实相应系统的等保制度测评备案工作。

【相关规定】

《中华人民共和国国家安全法》;《中华人民共和国网络安全法》;《网络安全审查办法》;《关于依法从严打击证券违法活动的意见》;《网络产品安全漏洞管理规定》;《非银行支付机构重大事项报告管理办法》。

第二十五条 【出口管制制度】国家对与维护国家安全和利益、履行国际义务相关的属于管制物项的数据依法实施出口管制。

【条文主旨】

本条是关于国家建立数据出口管制机制的规定。

【条文理解】

本条对数据出口管制的规定沿袭了《中华人民共和国出口管制法》的立法思路，与《中华人民共和国出口管制法》第二条第二款规定的“管制物项，包括物项相关的技术资料等数据”相衔接，将属于管制物项的数据纳入出口管制对象范围。

数据出口管制，是指国家对从中华人民共和国境内向境外转移数据或中华人民共和国公民、法人和非法人组织向外国组织和个人提供数据的行为，采取禁止或者限制性措施，包括完全禁止出境、选择性禁止、有条件出境等。

国家实行统一的出口管制制度，通过制定管制清单、名录或者目录(以下统称管制清单)、实施出口许可等方式进行管理。落实到数据出口管制机制上，只要相关数据涉及国家安全和利益、履行防扩散等国际义务的需要，按照相关规定属于管制物项且符合《中华人民共和国出口管制法》所确立的清单目录和标准，不论其是重要数据还是其他普通数据，均可实施出口管制。

本条对数据出口管制的规定，为后续制定详细、具体且具有可操作性的出口管制规则提供了依据。

在当前全球经济一体化和数字经济快速发展的大背景下，数据事关贸易、产业、经济、政治、社会等方面核心利益，因而数据跨境流动也成了各国关注的重中之重，纷纷加强数据治理前瞻布局，频繁出台数据跨境战略法案和配套细则，不断强化数据资源掌控能力，力求在全球数字经济发展格局中占据优势。

欧盟通过 GDPR 大力加强对数据出境的管控力度，根据 GDPR 第四十四条至第四十六条，将个人数据转移到第三国或国际组织时存在三种合法方式：（1）数据传输至“充分性认定”地区；（2）充分保障措施；（3）例外场景。“充分性认定”是指只有接收数据的第三国或国际组织在满足一定条件时才能出口，这些国家形成了一份数据出口白名单；“充分保障措施”则是针对“充分性认定”地区以外的国家或国际组织，如果要向上述清单以外的目的地转移个人数据，就要遵循“充分保障措施”的要求，包括公共当局或机构间的具有约束力的集团企业规则（BCR）、符合欧盟颁布的标准合同条款（SCC）、符合欧盟批准的行为准则（CoC）以及经批准的认证机制、封印或者标识等；“例外场景”适用情况较少，主要包括用户同意，或者执行合同需要等情况。

我国近年来也愈加重视数据出口与跨境流动，除《中华人民共和国网络安全法》第三十七条和《中华人民共和国数据安全法》第二十五条外，还制定、修订了一批政策、法律法规以及标准，完善了相关体系：交通运输部、工信部等 7 部委共同颁布的《网络预约出租汽车经营服务管理暂行办法》，要求网约车平台公司应将所采集的个人信息和生成的业务数据在中国内地存储和使用，除法律法规另有规定外不得外流。全国信息安全标准化技术委员会发布的《信息安全技术 数据出境安全评估指南（草案）》对数据出境安全评估流程、评估要点、评估方法、重要数据识别指南等内容进行了具体设计；国家互联网信息办公室发布《个人信息出境安全评估办法（征求意见稿）》，探索建立政府部门评估和企业自评估相结合的评估体系；2020 年 8 月 28 日，商务部、科技部修订了《中国禁止出口限制出口技术目录》，将包括人工智能交互界面技术以及语音合成技术等多项信息处理技术纳入限制出口部分，对经济活动中的技术出口行为进行限制；商务部、中央网信办、工信部联合印发的《数字经济对外投资合作工作指引》要求做好数字经济走出去风险防范，鼓励数字经济企业完善内部合规制度，严格落实我国法律法规有关数据出境安全管理的规定，遵守东道国法律法规及国际通行规则，妥善应对数字经济领域审查和监管措施，健全数据安全管理制度，采取必要技术措施，保护数据安全和个人信息，支持企业通过法律手段维权。

此外，《中国人民银行关于银行业金融机构做好个人金融信息保护工作的通知》《人口健康信息管理办法（试行）》《保险公司开业验收指引》《征信管理条例》《地图管理条例》等规定也分别从不同行业领域对数据出境管制、数据本地化等提出了要求。

【适用指南】

一、明确主管部门

按照《中华人民共和国出口管制法》第五条第一款、第五款规定，国务院、中央军事委员会承担出口管制职能的部门（以下统称国家出口管制管理部门）按照职责分工负责出口管制工作。省、自治区、直辖市人民政府有关部门依照法律、行政法规的规定负责出口管制有关工作。

二、主动关注相关法规政策

企业应及时关注国家出口管制部门发布的管制物项出口管制清单、有关行业出口管制指南、内部合规制度等内容，逐项审查要出口的数据以评估其是否落入管制清单，是否落入禁止出口和限制出口技术目录，例如商务部、科技部于 2020 年 8 月 28 日修订的《中国禁止出口限制出口技术目录》将部分空间数据传输技术控制要点列为禁止出口技术，将语音合成技术、人工智能交互界面技术、语音评测技术、智能阅卷技术基于数据分析的个性化信息推送服务技术列为限制出口技术。

三、申报许可

国家对管制物项的出口实行许可制度，企业应当积极履行向国家出口管制部门申报并获得许可的义务。如果企业出口的数据属于出口管制清单所列管制物项或者临时管制物项，应当向国家出口管制管理部门申请许可。

如果企业将要出口的数据不在管制物项范围内，但其知道或者应当知道，或者得到国家出口管制管理部门通知，相关数据可能存在一定风险的，应当向国家出口管制管理部门申请许可，这种风险主要包括三类：

(1) 危害国家安全和利益；(2) 被用于设计、开发、生产或者使用大规模杀伤性武器及其运载工具；(3) 被用于恐怖主义目的。[①]

四、通用许可

如果企业能够建立出口管制内部合规制度且运行情况良好，国家出口管制管理部门可以对其出口有关管制物项给予通用许可等便利措施。

五、数据本地化

对于涉及国家利益的重要数据及敏感个人数据等类型数据，企业应细致而全面地评估其出境后所带来的风险与影响，审慎研究是否出境，在当前国际竞争和安全形势严峻的情况下，数据出境应谨慎评估可能性。

【相关规定】

《中华人民共和国出口管制法》；《网络预约出租汽车经营服务管理暂行办法》；《征信管理条例》；《地图管理条例》；《人口健康信息管理办法（试行）》；《中国禁止出口限制出口技术目录》；《数字经济对外投资合作工作指引》；《中国人民银行关于银行业金融机构做好个人金融信息保护工作的通知》；《保险公司开业验收指引》。

第二十六条　【对等反制制度】 任何国家或者地区在与数据和数据开发利用技术等有关的投资、贸易等方面对中华人民共和国采取歧视性的禁止、限制或者其他类似措施的，中华人民共和国可以根据实际情况对该国家或者地区对等采取措施。

【条文主旨】

本条是关于国家建立针对投资、贸易歧视性措施对等反制机制的规定。

【条文理解】

本条所规定的对等反制措施主要是在数据领域的投资、贸易等方面，

① 参见《中华人民共和国出口管制法》第十二条。

为我国对外国所采取的对等禁止、限制措施提供了法律依据，体现了我国在网络数据空间主张数据主权的立法思想。

本条与《中华人民共和国外商投资法》和《中华人民共和国反外国制裁法》相衔接。对等原则是国际投资与贸易的基本原则之一，《中华人民共和国外商投资法》第四十条规定，任何国家或者地区在投资方面对中华人民共和国采取歧视性的禁止、限制或者其他类似措施的，中华人民共和国可以根据实际情况对该国家或者该地区采取相应的措施；《中华人民共和国反外国制裁法》第三条第二款明确规定，外国国家违反国际法和国际关系基本准则，以各种借口或者依据其本国法律对我国进行遏制、打压，对我国公民、组织采取歧视性限制措施，干涉我国内政的，我国有权采取相应反制措施。

此外，为了进一步维护国家利益，保障数据安全及企业依法有序开展数据活动，更好地应对国外歧视性立法和执法，《中华人民共和国反外国制裁法》还规定了国务院有关部门可以决定将直接或者间接参与制定、决定、实施歧视性限制措施的个人、组织或其他组织个人列入反制清单，并可以对被列入反制清单的个人、组织采取反制措施，如不予签发签证，不准入境，注销签证，驱逐出境，查封、扣押和冻结在我国境内的动产、不动产和其他各类财产，禁止或者限制我国境内的组织和个人与其进行有关交易与合作等活动。

近年来，无论是在政治、经济、文化领域，还是在科技、国际影响力领域，中国都在迅速发展，而这被个别国家视为威胁，在多个领域通过各种手段打压、限制中国企业发展，严重侵犯了我国企业的合法权益。本条规定将进一步推动形成公平、有序、和平、发展、合作、共赢的数据流动环境，增大我国在数据跨境流动过程中域外保护管辖权，保障我国国家安全及企业的权益。

【适用指南】

1. 主动合规。我国企业在海外开展业务的过程中，应在不损害我国国家及人民利益、不违反我国政策法规的前提下，积极主动地遵守当地法律法规，构建完善良好的合规体系。

2. 积极维权。在当前国际竞争日趋激烈的背景下，企业在日常经营活动中应具备危机意识，未雨绸缪，及早建立相应的组织机构与维权机制，在其他国家和地区对其技术和业务采取歧视性措施时，积极维权。

3. 坚守底线。企业的发展离不开国家提供的良好支持，在面临其他国家和地区采取的歧视性禁止、限制或者其他类似措施时，企业应当能够坚守底线，不因小失大。应积极寻求国家有关部门的帮助与支持，通过对等反制等措施，保障其合法权益。

【相关规定】

《中华人民共和国外商投资法》第四十条；《中华人民共和国反外国制裁法》第三条。

案例解读

××出行境外上市后因涉及数据安全风险而被启动网络安全审查

【案情简介】

2021年7月2日，为防范国家数据安全风险，维护国家安全，保障公共利益，依据《中华人民共和国国家安全法》《中华人民共和国网络安全法》，网络安全审查办公室按照《网络安全审查办法》，对“××出行”实施网络安全审查；7月4日，“××出行”App因存在严重违法违规收集使用个人信息问题，被国家网信办通知应用商店下架；7月9日，相关App因存在严重违法违规收集使用个人信息问题被下架；7月16日，国家网信办会同公安部、国家安全部、自然资源部、交通运输部、税务总局、市场监管总局等部门联合进驻××出行公司，开展网络安全审查。①

【案例焦点】

××出行软件作为网络预约出租车服务提供者，掌握了海量的关于用户个人信息、地理信息、位置信息、人口信息等关键数据，已经成为交通领

① 《网络安全审查办公室关于对“××出行”启动网络安全审查的公告》，载国家网信办官网，http：//www.cac.gov.cn/2021－07/02/c_ 1626811521011934.htm，最后访问时间：2021年10月7日；《关于下架“××出行”App的通报》，载国家网信办官网，http：//www.cac.gov.cn/2021-07/04/c_ 1627016782176163.htm，最后访问时间：2021年10月7日；《国家互联网信息办公室等七部门进驻××出行科技有限公司开展网络安全审查》，载国家网信办官网，http：//www.cac.gov.cn/2021-07/16/c_ 1628023601191804.htm，最后访问时间：2021年10月7日。

域关键信息基础设施。

××出行公司通过旗下的网约车、共享单车、自动驾驶汽车等在行驶过程中调动的摄像头、传感器、录音设备等，积累了非常丰富且全面的出行数据与地图信息，不仅涉及用户个人隐私，还包含道路、交通、重要设施、人文等关键信息。一旦泄露，轻者被用于商业用途实现精准营销，严重者则有可能被用于军事用途。

【专家评析】

根据2020年4月国家网信办相关负责人关于《网络安全审查办法》的答记者问，① 关键信息基础设施运营者采购网络产品和服务，影响或可能影响国家安全的，应当按照该办法进行网络安全审查。根据中央网络安全和信息化委员会《关于关键信息基础设施安全保护工作有关事项的通知》精神，电信、广播电视、能源、金融、公路水路运输、铁路、民航、邮政、水利、应急管理、卫生健康、社会保障、国防科技工业等行业领域的重要网络和信息系统运营者在采购网络产品和服务时，应当按照办法要求考虑申报网络安全审查。此次网络安全审查办公室对××出行实施网络安全审查，显然是将其纳入了关键信息基础设施范围。

从被下架的App列表中看，目前××出行的业务范围已经覆盖打车、单车、代驾、货运、配送、小巴、公交、加油、社区电商、金融以及记录仪等领域，对地理、交通、道路、人员出行数据的覆盖之广、精度之分析之深都已经难以预计，对于国家安全以及人民生命财产安全都至关重要。

本次针对××出行的网络安全审查，主要是针对重要数据出境安全风险的审查。该公司于境外上市，而其所掌握的大量数据将存在较大风险，尤其是高精度测绘信息，根据《中华人民共和国测绘法》第三十八条第二款规定，互联网地图服务提供者应当使用经依法审核批准的地图，建立地图数据安全管理制度，采取安全保障措施，加强对互联网地图新增内容的核校，提高服务质量。从七部门联合进驻××出行进行审查的通报来看，自然资源部位列其中，而其正是国家测绘地理信息的主管部门。

我们可以看到的是，未来我国必将严格监管，压实互联网平台主体责任，充分保障国家安全与利益，互联网企业应转变思想，积极主动合规，履行《中华人民共和国数据安全法》所赋予的义务，切实保障数据安全。

---

① 《〈网络安全审查办法〉答记者问》，载中国网信网，http：//www.cac.gov.cn/2020-04/27/c_ 1589535446378477.htm，最后访问时间：2021年11月11日。

第四章　数据安全保护义务

第二十七条　【数据安全管理】开展数据处理活动应当依照法律、法规的规定，建立健全全流程数据安全管理制度，组织开展数据安全教育培训，采取相应的技术措施和其他必要措施，保障数据安全。利用互联网等信息网络开展数据处理活动，应当在网络安全等级保护制度的基础上，履行上述数据安全保护义务。

重要数据的处理者应当明确数据安全负责人和管理机构，落实数据安全保护责任。

【条文主旨】

本条是关于对数据处理活动应当依法依规进行的具体规定。

【条文理解】

本条作为第四章数据安全保护义务的首条，对数据处理者的数据安全管理行为进行规范，共分为两款。第一款是对数据全生命周期的处理活动的安全管理义务进行具体的规定，第二款则是针对重要数据处理者的特殊安全保护义务进行规定。

第一款对数据处理者依法依规开展数据安全管理活动进行规定。要求数据处理者建立并健全全流程数据安全管理制度，并通过一系列教育培训和技术措施等保障数据安全。全流程数据安全管理意味着在数据全生命周期的每一个阶段都需要建立管理制度，数据安全的需求存在于数据生命周期的任一环节。对于全流程或全生命周期的定义并未出现在本法中，但本法第三条第二款规定数据处理包括数据的收集、存储、使用、加工、传输、提供、公开等阶段，同时国家标准《信息安全技术　数据安全能力成熟度模型》中对数据生命周期的描述包括采集、传输、存储、处理、交换、销毁等环节，实质上，不同的划分方法展现的都是对数据技术操作的流程。本条所蕴含的基础法理在于无论如何划分数据处理的全流程或数据全生命周期的各阶段，对于数据处理活动所对应的安全管理制度都应当有针对性地建立，以使得其符合本法第三条第二款对数据安全的规定，即确保数据处于有效保护和合法利用的状态，以及具备保障持续安全状态的能力。也正是因为数据在不同阶段具有不同的价值，① 所以在整个数据处理全流程的每一个环节都需要有能够匹配该阶段数据价值的安全管理制度，以实现在任一环节都能够保障数据安全的目的。同时，组织开展有关数据安全教育的培训活动，使得涉及数据处理各环节的有关人员落实数据安全保障义务，辅以相应的技术措施和其他同等性质的必要措施，能够较全面地实现对有关数据安全制度的落实。

另外，第一款也明确数据安全保障义务与网络安全等级保护制度的关系，即有关利用互联网提供信息网络服务的主体需在明确履行网络安全等级保护的基础上开展数据安全管理制度的构建，有效实现了网络安全等级保护制度与数据安全管理制度的衔接，也强调了网络安全等级保护的基础地位。自 1994 年国务院制定的《计算机信息系统安全保护条例》明确计算机信息系统实行安全等级保护以来，公安部等部门于 2007 年制定的《信息安全等级保护管理办法》对安全等级的划分标准和安全等级保护等具体办法进行细化，公安部和标准化主管部门也制定了相关标准明确网络安全等级定级标准和程序等具体要求，2017 年施行的网络安全法对该制度名称进行调整，由信息安全等级保护改为网络安全等级保护制度，并对技术类安全要求和管理类安全要求进行具体规定，② 这是在总结以往信息安全等级保护工作的基础上对原有制度的更新完善，也标志着当时我国的信息安全保护制度进入新的阶段。③ 本条第一款中规定在网络安全等级保护

---

① 参见黄鹏、陈靓：《数字经济全球化下的世界经济运行机制与规则构建：基于要素流动理论的视角》，载《世界经济研究》2021 年第 3 期。文章提出：数据在经过收集、汇总、分析、利用等阶段后会进入“货币化”的价值创造过程。数据流动过程是一个“数据价值链”形成的过程，也被称为“数据价值周期”。

② 参见杨合庆主编：《〈中华人民共和国网络安全法〉释义》，中国民主法制出版社 2017 年版，第 71～72 页。

③ 参见左晓栋主编：《中华人民共和国网络安全法百问百答》，电子工业出版社 2017 年版，第 30 页。

制度基础上履行数据安全保护义务，即网络运营者应当在履行网络安全法第二十一条网络安全等级保护义务基础上，在对其中涉及数据安全管理全流程有关事项时履行本条第一款规定的数据安全管理义务。

第二款中重要数据的概念界定依赖于数据分类分级的实现，对重要数据的保护应当有别于一般数据的保护规则，至少在安全保护义务上应当进行特别的规定。数据安全法第二十七条第二款明确将对重要数据处理的安全保护义务区别于对一般数据处理的保护义务，明确应当建立数据安全负责人制度和建立有关管理机构进行专门化管理实践，对处理者处理重要数据提出了更严格的要求。对重要数据的特殊安全保护义务的有关规定在数据安全法草案一审稿、二审稿以及最终通过的条文中都高度一致，说明在对重要数据的保护问题上对重要数据处理者数据安全特殊保障义务的施加成为必然趋势。

【适用指南】

本条第一款主要是要求涉及提供信息网络服务的运营商应当在数据全生命周期履行数据安全保护义务，有关运营主体应该全面制定数据安全管理的管理规范和操作规范，对有关安全管理组织架构、人员配备、行为规范和管理责任进行细化规定，组织相关人员进行内外部培训，积极参与有关专业部门组织的专业资格证书的培训考试（如 CISP-PIP 证书、CISSP 证书、CIPP 系列证书等），强化提高从事数据安全管理人员的专业素质。通过配备相应的软硬件设施保证有关技术措施能够有效实现保护网络安全和数据安全。同时，第一款实现的网络安全等级保护制度与数据安全管理制度的有效衔接意味着提供信息网络服务的主体应该遵循网络安全法第二十一条规定的网络安全等级保护制度。提供网络运营的服务商应严格履行网络安全等级保护义务中的技术类安全要求和管理类安全要求，技术类安全要求主要从物理安全、网络安全、主机安全、应用安全和数据安全几个层面提出，通过在信息系统中部署软硬件并正确配置安全功能来实现，而管理类安全要求主要从安全管理制度、安全管理机构、人员安全管理、系统建设管理和系统运行维护管理几个方面提出，通过控制各种角色的活动，从政策、制度、规范、流程以及记录等方面做出规定。[①] 有关主体应当注意的是，网络安全等级保护义务的有关内容与数据安全保护义务存在

---

① 参见杨合庆主编：《〈中华人民共和国网络安全法〉释义》，中国民主法制出版社 2017 年版，第 72 页。

某些层面的重合，但这并不代表其不需要履行本条第一款中规定的数据安全保护义务，有关主体应当在技术层面根据运营实际情况对有关涉及数据安全管理全流程的每个环节进行检视，对没有重合的部分制定有关规范，对通过技术手段实现网络安全管理全流程中的数据安全提供保障，对存在重合的部分，应当在完全履行网络安全等级保护基础上施加数据安全管理规范，落实有关数据安全保护责任。

本条第二款明确规定重要数据处理者应当建立数据安全负责人和管理机构，如上所述，其属于在数据安全保护义务范围下对重要数据保护的特别规定，实质上是对重要数据提出特别安全保护义务，本条的适用应当被企业高度重视，企业应当建立符合企业管理规定的数据安全负责人和有关管理机构，实现对重要数据的特别保护，严格落实数据安全保护义务。

同时，企业在落实“安全负责人”制度时应当进行体系化构建，兼顾网络安全法和个人信息保护法中的有关规定。网络安全法第二十一条规定，网络运营者应当制定内部安全管理制度和操作规程，确定网络安全负责人，落实网络安全保护责任；个人信息保护法第五十二条第一款也规定“处理个人信息达到国家网信部门规定数量的个人信息处理者应当指定个人信息保护负责人，负责对个人信息处理活动以及采取的保护措施等进行监督”。对数据安全法第二十七条的落实可以协同网络安全法和个人信息保护法的有关规定，企业在进行合规时应当严格区分有关管理事项，如果实行“一套人马，多块牌子”的管理思路，应当严格论证该思路是否符合上述三部法律的规定以及有关管理事项是否具有可重合性。另外，鉴于数据安全法第四十五条和网络安全法第五十九条都存在对不履行数据安全保护义务或不履行网络安全保护义务的主体规定的法律责任条款，特别对“直接负责的主管人员和其他直接责任人员”规定了严厉的行政责任，因此，企业需要综合考虑安全事项的具体内容、合规风险、职责分配以及相关职业风险的承担方式等内容，以便全盘布局企业的安全负责人制度。

【相关规定】

《中华人民共和国网络安全法》第二十一条。

第二十八条　【数据处理活动的方向】开展数据处理活动以及研究开发数据新技术，应当有利于促进经济社会发展，增进人民福祉，符合社会公德和伦理。

【条文主旨】

本条是关于开展数据处理活动以及研究开发数据新技术的原则性规定。

【条文理解】

本条作为原则性规定，明确要求数据处理活动以及研究开发数据新技术，应当有利于促进经济社会发展，增进人民福祉，符合社会公德和伦理，为大数据发展指明了前进方向。开展数据处理活动以及相关数据新技术的研究开发必须以实践情况为基础，以促进经济社会发展，增进人民福祉为导向，符合社会公德和伦理。截至目前，国家层面通过推出各项制度，推动大数据与实体经济融合，促进产业高质量发展；通过对大数据工作的逐步推进，挖掘数据价值，为经济发展充电赋能，提高人民生活水平。具体而言，大数据发展经过以下三个阶段：

第一，大数据发展工作得到初步重视。2014 年 3 月，大数据首次被写入政府工作报告，报告指出“设立新兴产业创业创新平台，在新一代移动通信、集成电路、大数据、先进制造、新能源、新材料等方面赶超先进，引领未来产业发展”，大数据发展成为热点；2015 年 8 月，国务院发布《促进大数据发展行动纲要》明确提出，大数据成为推动经济转型发展的新动力、重塑国家竞争优势的新机遇、提升政府治理能力的新途径，要求加快政府数据开放共享，推动资源整合，提升治理能力；推动产业创新发展，培育新兴业态，助力经济转型；强化安全保障，提高管理水平，促进健康发展。《促进大数据发展行动纲要》从国家层面对大数据的整体发展进行了顶层制度设计和规划布局，大数据产业发展开始起步。

第二，推动大数据产业进一步落实。2016 年 3 月，《中华人民共和国国民经济和社会发展第十三个五年规划纲要》（以下简称“十三五”规划）专章规定了国家大数据发展战略，要求把大数据作为基础性战略资源，全面实施促进大数据发展行动，加快推动数据资源共享开放和开发应用，助力产业转型升级和社会治理创新；2016 年 12 月，工信部为贯彻落实《促进大数据发展行动纲要》和“十三五”规划，发布了《大数据产业发展规划（2016—2020年）》，对大数据产业发展提出了具体的发展目标和保障措施，加快挖掘数据价值，促进经济社会发展。

第三，构建大数据发展的和谐环境。自2017年开始国家加快了大数据产业的发展进程，2017年10月，党的十九大报告中明确提出“推动大数据与实体经济深度融合”，为大数据产业的未来发展指明了方向；同年12月，中央政治局就实施国家大数据战略进行集体学习，深入了解大数据发展现状和趋势及其对经济社会发展的影响，分析我国大数据发展取得的成绩和存在的问题，推动实施国家大数据战略；2019年10月，十九届四中全会提出“健全劳动、资本、土地、知识、技术、管理和数据等生产要素按贡献参与分配的机制”，提出数据可“作为生产要素按贡献参与分配”；2020年4月，在《中共中央、国务院关于构建更加完善的要素市场化配置体制机制的意见》中数据被正式列为新型生产要素，数据要素市场化分配上升为国家战略；同年5月的《中共中央、国务院关于新时代加快完善社会主义市场经济体制的意见》更是提出要“加快培育发展数据要素市场”，这意味着数据要素市场将成为国家经济发展的重要举措，对国家的经济社会发展格局将产生重要影响；最后，2021年9月数据安全法的发布更是为大数据的发展保驾护航，通过明确数据安全保护的义务，规范数据处理活动，促进数据有序流通利用。

总而言之，大数据的发展已成为国家经济发展的重点，通过数据生产要素的流转，带动经济社会进步、增进人民福祉，是促进数据流转利用的应有之义。本条通过原则性的规定，一方面明确了大数据发展的必然方向，鼓励数据处理活动和数据新技术的开展和研发；另一方面也要求数据的处理以及技术活动的开展需符合经济社会发展规律、符合社会公德和伦理，促进数字化经济的安全健康发展。

【适用指南】

本条作为原则性规定，贯穿数据安全法各方面，要求数据处理者在开展数据活动和研发数据新技术时以促进经济社会发展、增进人民福祉为导向，符合社会公德和伦理。任何违背经济社会发展规律，损害国家安全和公共利益的行为都不被接纳，对数据新技术的研发应符合社会公德和伦理，保证数据处理活动安全健康发展。

【相关规定】

《中华人民共和国民法典》第八条。

第二十九条　【数据安全风险监测与处置】 开展数据处理活动应当加强风险监测，发现数据安全缺陷、漏洞等风险时，应当立即采取补救措施；发生数据安全事件时，应当立即采取处置措施，按照规定及时告知用户并向有关主管部门报告。

【条文主旨】

本条是关于数据安全风险监测与处置的规定。

【条文理解】

本条规定要求数据处理者在处理数据时加强风险监测，对于所发现的数据安全缺陷、漏洞等风险，及时采取补救措施；要求在发生数据安全事件时，立即采取处置措施，及时告知用户并向有关主管部门报告。本条规定从事前风险预防、事中处置、事后通知等角度入手，构建了数据处理全生命周期的监管机制，要求数据处理者对风险及时响应并采取解决措施。对本条的理解分析可从以下几方面入手：

第一，本条的义务主体。本条义务主体的确定，涉及数据安全保护义务适用范围的划定。本条的义务主体主要为数据处理者，即数据处理者对于风险监测过程中发现的数据安全风险，应承担相应的补救义务；同时对于发生的数据安全事件，应当立即采取处置措施，按规定及时告知用户并向有关主管部门报告。明确义务主体，有利于后续补救措施以及通知程序的正常开展与顺利进行，保障数据安全。

第二，数据安全风险监测与处置的时间段。本条对于补救措施和处置措施的采取规定了明确的时间段，即“发现数据安全缺陷、漏洞等风险时”以及“发生数据安全事件时”。从逻辑结构的角度分析，二者应为并列关系，针对“数据安全缺陷、漏洞等风险”采取补救措施，针对“数据安全事件”采取处置措施。但此处并未明确“数据安全缺陷、漏洞等风险”与“数据安全事件”之间的关系，如果仅发生“数据安全缺陷、漏洞等风险”并采取补救措施后，数据处理者是否仍需要履行相应的通知义务？从体系解释的角度入手，本条并未明确“数据安全事件”的定义，而主要是呼应了网络安全法第四十二条和《数据安全管理办法》第三十五条中的规定。因此，对于“数据安全缺陷、漏洞等风险”与“数据安全事件”之间的关系还有待后续文件予以澄清、细化。

第三，发生数据安全事件的通知义务。本条要求数据处理者在发生数据安全事件时，及时采取处置措施，并按照规定及时告知用户并向有关主管部门报告。由于“发生数据安全事件”作为触发处置措施和通知义务的前提条件，因此有必要明确“数据安全事件”的范围。网络安全法第四十二条第二款规定，“……在发生或者可能发生个人信息泄露、毁损、丢失的情况时，应当立即采取补救措施，按照规定及时告知用户并向有关主管部门报告”，将范围限定在了“个人信息泄露、毁损、丢失的情况”，范围较为具体。数据安全法在未明确“数据安全事件”定义与范围的情况下，一旦发生涉及数据安全风险的行为，为避免责任承担，数据处理者会即刻履行通知义务，可能导致数据处理者义务过重。因此，下一步应明确“数据安全事件”的定义，合理界定其范围，促进本条规定顺利落地。

【适用指南】

本条对于数据处理者提出了数据安全保护的义务性规定，具体包括数据安全风险监测及相应的风险补救措施、数据安全事件的处置与通知义务等。从整体上看，本条规定的目的在于预防数据安全风险，保障数据安全；对于可能出现或者已经出现的风险事件采取及时的补救或处置措施，避免损失进一步扩大，严格把控数据处理的全流程，加强数据安全保障。

从国家层面上看，国家应建立集中统一、高效权威的数据安全风险评估、报告、信息共享、监测预警机制；同时应建立数据安全工作协调机制，统筹协调有关部门强化数据安全风险管理，落实数据安全保护责任。并且，对于重要数据的处理，还应要求重要数据的处理者按照规定对其数据处理活动定期开展风险评估，并向有关主管部门报送风险评估报告。

从企业层面上看，应根据数据安全法的规定制定企业内部的数据安全风险监测机制以及补救措施，对于所发生的数据安全事件构建符合企业自身发展的对策与报告流程，积极落实相关法律法规的要求，将责任具体落实到个人；另外，对于数据的风险监测还需技术上的支持，企业应针对数据开展安全风险评估和监测，包括技术评估、漏洞扫描、渗透测试以及从外部获得风险提示等多种方式，强化自身的技术水平，提高数据风险以及保护能力。

另外，数据安全法第四十五条规定了相应的法律责任，对于不履行第二十九条所规定的义务，由有关主管部门责令改正，给予警告，可以并处五万元以上五十万元以下罚款，对直接负责的主管人员和其他直接责任人员可以处一万元以上十万元以下罚款；拒不改正或者造成大量数据泄露等严重后果的，处五十万元以上二百万元以下罚款，并可以责令暂停相关业务、停业整顿、吊销相关业务许可证或者吊销营业执照，对直接负责的主管人员和其他直接责任人员处五万元以上二十万元以下罚款。

【相关规定】

《中华人民共和国数据安全法》第四十五条；《中华人民共和国网络安全法》第四十二条；《数据安全管理办法》第三十五条。

第三十条　【重要数据风险评估制度】重要数据的处理者应当按照规定对其数据处理活动定期开展风险评估，并向有关主管部门报送风险评估报告。

风险评估报告应当包括处理的重要数据的种类、数量，开展数据处理活动的情况，面临的数据安全风险及其应对措施等。

【条文主旨】

本条是关于重要数据风险评估制度的规定。

【条文理解】

本条规定了重要数据风险评估制度，要求重要数据的处理者定期对其数据处理活动开展风险评估，并向有关主管部门报送风险评估报告。重要数据风险评估制度主要从评估对象、评估阶段、报送对象以及常态化评估等几个方面入手，针对重要数据的处理活动予以风险评估，明确数据处理活动的开展情况，寻找潜在风险并及时采取应对措施。具体而言包括以下几方面：

第一，评估对象为重要数据。风险评估制度要求对重要数据的种类、数量以及开展数据处理活动的情况，面临的数据安全风险及其应对措施等进行评估，目的是梳理重要数据处理活动中存在的风险，预防数据处理活动中可能存在的危机，针对潜在的隐患及时采取措施予以规制，保障数据安全。

第二，评估阶段为数据处理活动的全过程。根据数据安全法第三十条规定，针对重要数据的风险评估应包括数据处理活动的全过程，即风险评估应包括重要数据的收集、存储、使用、加工、传输、提供、公开等各个处理环节。以上环节如涉及重要数据，则应开展定期的风险评估活动，并将评估报告报送有关主管部门。

第三，报送对象为有关主管部门。根据数据安全法第二十一条规定，国家数据安全工作协调机制统筹协调有关部门制定重要数据目录，加强对重要数据的保护；各地区、各部门应当按照数据分类分级保护制度，确定本地区、本部门以及相关行业、领域的重要数据具体目录，对列入目录的数据进行重点保护。因此笔者认为，重要数据风险评估报告的报送对象应为该地区、部门以及相关行业、领域重要数据具体目录的制定者。但目前实务中对于报送对象以及相应的审核流程还未明确，风险评估制度的开展还需进一步细化具体流程。

第四，风险评估制度为常态化的评估制度。不同于重要数据的出境评估，法律规定要求定期开展重要数据风险评估制度，形成常态化的监管机制。其主要目的是预防数据处理活动中可能存在的风险，要求企业形成常态化的自我评估意识，维护数据安全，避免国家利益和公共利益受损。

【适用指南】

本条规定的适用对象为涉及重要数据处理的数据处理者，即可能包括私主体和公权力主体。对于涉及重要数据的私主体而言，一是应事先梳理业务活动过程中可能涉及的重要数据，将数据予以分级分类保护；二是梳理涉及重要数据风险评估制度的相关法律法规以及政策，明确风险评估的要求和规则，依法合规开展重要数据的处理活动；三是数据处理者内部应培养常态化的合规意识，建立重要数据的风险防范及评估机制。对于涉及重要数据的公权力主体而言，除了需满足上述要求之外，还应遵守政务数据的相关规定，建立相应的数据安全管理制度，落实数据安全责任，保障政务数据安全。

总而言之，重要数据风险评估制度作为数据安全义务中的重要一环，要求数据处理者加强对重要数据的安全防范意识，重视数据处理活动中存在的问题，保障重要数据安全，避免相关利益的损害。

【相关规定】

《中华人民共和国数据安全法》第二十一条。

第三十一条　【重要数据的出境安全管理】关键信息基础设施的运营者在中华人民共和国境内运营中收集和产生的重要数据的出境安全管理，适用《中华人民共和国网络安全法》的规定；其他数据处理者在中华人民共和国境内运营中收集和产生的重要数据的出境安全管理办法，由国家网信部门会同国务院有关部门制定。

【条文主旨】

本条是关于重要数据出境安全管理的规定。

【条文理解】

本条对重要数据出境安全管理的适用规则予以明确，对关键信息基础设施的运营者以及其他数据处理者规定了不同的出境安全管理办法。对本条的理解适用应从三个方面入手，即关键信息基础设施的定义、重要数据的定义和认定标准和相关数据出境安全管理办法。

第一，关键信息基础设施的定义。2021 年 9 月 1 日《关键信息基础设施安全保护条例》生效以前，“关键信息基础设施”未能有统一明确的定义。此次《关键信息基础设施安全保护条例》明确其定义：关键信息基础设施指的是公共通信和信息服务、能源、交通、水利、金融、公共服务、电子政务、国防科技工业等重要行业和领域的，以及其他一旦遭到破坏、丧失功能或者数据泄露，可能严重危害国家安全、国计民生、公共利益的重要网络设施、信息系统等；同时《关键信息基础设施安全保护条例》第九条也制定了关键信息基础设施的认定规则，要求制定认定规则应当主要考虑下列因素：（一）网络设施、信息系统等对于本行业、本领域关键核心业务的重要程度；（二）网络设施、信息系统等一旦遭到破坏、丧失功能能或者数据泄露可能带来的危害程度；（三）对其他行业和领域的关联性影响。综上，目前关键信息基础设施的定义已经明确，但是具体到实务中，各行业仍需结合本行业、本领域的基本情况以及关键信息基础设施的认定规则，明确关键信息基础设施主体。

第二，重要数据的定义。对于“重要数据”的说法最早可见于网络安全法中，但未能对其定义予以明确；之后发布的《信息安全技术 数据出境安全评估指南（征求意见稿）》将重要数据定义为：“相关组织、机构和个人在境内收集、产生的不涉及国家秘密，但与国家安全、经济发展以及公共利益密切相关的数据（包括原始数据和衍生数据）。”2019 年 5 月 28 日，国家互联网信息办公室发布的《数据安全管理办法（征求意见稿）》明确指出：“重要数据，是指一旦泄露可能直接影响国家安全、经济安全、社会稳定、公共健康和安全的数据，如未公开的政府信息，大面积人口、基因健康、地理、矿产资源等。重要数据一般不包括企业生产经营和内部管理信息、个人信息等。”本次数据安全法提出了对重要数据目录的制定，未提及重要数据的定义。

第三，重要数据出境安全管理办法的确定。重要数据涉及国家安全、公共利益，必须严格规范重要数据的出境安全问题。目前对于不同主体而言，重要数据的出境安全管理办法有所不同：对于涉及关键信息基础设施的重要数据出境应根据网络安全法第三十七条的规定，如因业务需要出境，应当按照国家网信部门会同国务院有关部门制定的办法进行安全评估；法律、行政法规另有规定的，依照其规定。关键信息基础设施的运营者应依法进行安全评估，防控风险，确保数据安全；对于关键信息基础设施运营者之外的数据处理者，同样需依法进行数据安全评估，衡量数据出境的风险。

至此，在第四章中对重要数据的安全保护义务已形成明确的框架，即明确数据安全负责人和管理机构（第二十七条第二款）、定期开展风险评估（第三十条）、对重要数据出境进行特殊监管（第三十一条）。该三项义务共同构建起重要数据处理者（含关键信息基础设施运营者）对重要数据的特殊保护义务，应当明确保护数据安全，特别是重要数据的安全，是作为开展以数据为核心的有关贸易行为的第一要旨。

【适用指南】

本条主要针对重要数据的出境安全管理问题予以规定，重视关键信息基础设施运营者以及其他数据处理者对于其在运营中收集和产生的重要数据的出境安全管理问题，在适用上具体应注意以下几方面：

第一，对于属于关键信息基础设施运营者的企业而言，根据数据安全法第三十一条规定，企业在境内运营中收集和产生的重要数据的出境安全管理，应参照并适用网络安全法的规定。依照网络安全法第三十七条的规定，关键信息基础设施的运营者在中华人民共和国境内运营中收集和产生的个人信息和重要数据应当在境内存储。因业务需要，确需向境外提供的，应当按照国家网信部门会同国务院有关部门制定的办法进行安全评估。[①] 涉及关键信息基础设施运营的企业因其业务具有特殊性及重要性，更需要重视企业运营中的重要数据出境管理问题，以避免相关秘密泄露，损害国家和社会公共利益。

第二，对于不构成关键信息基础设施运营者的企业而言，应根据数据安全法第三十一条的规定，其在境内运营中收集和产生的重要数据的出境安全管理要求，应遵循国家网信部门会同国务院有关部门制定的管理办法。但根据 2019 年国家互联网信息办公室发布的《数据安全管理办法（征求意见稿）》第二十八条，网络运营者发布、共享、交易或向境外提供重要数据前，应当评估可能带来的安全风险，并报经行业主管监管部门同意。因此，不构成关键信息基础设施运营者的企业同样可能需要对重要数据的出境安全风险予以评估。

第三，从违法责任上看，数据安全法第四十六条对违法向境外传输数据的行为予以法律责任规定：针对违法向境外提供重要数据的行为，由有关主管部门责令改正，给予警告，可以并处十万元以上一百万元以下罚款，对直接负责的主管人员和其他直接责任人员可以处一万元以上十万元以下罚款；情节严重的，处一百万元以上一千万元以下罚款，并可以责令暂停相关业务、停业整顿、吊销相关业务许可证或者吊销营业执照，对直接负责的主管人员和其他直接责任人员处十万元以上一百万元以下罚款。

综上所述，目前国内对于重要数据出境安全风险评估的管理办法尚未出台，数据处理者应先对国内现有的规范进行梳理，主动与行业主管部门联系，确定数据处理者是否落入关键信息基础设施的范围；另外，对数据处理者日常运营中收集和产生的数据予以梳理和分类，根据现有标准区分可能属于重要数据范围的数据内容；最后，梳理数据处理者运营中可能存

---

① 宁宣凤、吴涵等：《新起点、新征程：〈数据安全法〉时代下的数据安全与发展》，载微信公众平台，https：//mp. weixin. qq. com/s/sRkrzFsO6chE2kfF2Cl3EA，最后访问时间：2021 年 9 月 28 日。

在的数据跨境传输场景，并对数据的出境开展自我安排评估，把控风险，确保数据安全稳定。

【相关规定】

《中华人民共和国数据安全法》第四十六条；《中华人民共和国网络安全法》第三十七条。

第三十二条 【收集数据的方式】任何组织、个人收集数据，应当采取合法、正当的方式，不得窃取或者以其他非法方式获取数据。

法律、行政法规对收集、使用数据的目的、范围有规定的，应当在法律、行政法规规定的目的和范围内收集、使用数据。

【条文主旨】

本条是关于数据处理者收集数据时应合法合规的规定。

【条文理解】

本条对数据处理者收集数据提出了相关的义务性规定，具体包括：收集数据的合法正当原则以及目的、范围限定原则。对于该原则，越来越多的法律在此之前便已有相关规定：《全国人民代表大会常务委员会关于加强网络信息保护的决定》较早规定了收集、使用公民个人电子信息，应当遵循合法、正当、必要的原则，明确规定了收集、使用公民个人电子信息的目的、方式和范围，加强了相关信息处理者的义务；《电信和互联网用户个人信息保护规定》、消费者权益保护法、网络安全法等也作了同样的规定；民法典第一千零三十五条规定，处理个人信息的，应当遵循合法、正当、必要原则，不得过度处理，并提出了相应条件；2021 年 11 月 1 日起施行的个人信息保护法同样对信息的收集、处理提出了要求，个人信息保护法第五条以及第六条明确规定了处理个人信息应遵循合法、正当、必要、诚信原则以及目的明确和限定原则等。数据安全法第三十二条再次对数据的收集、处理提出了要求，明确了数据处理者收集、处理数据应遵循的原则性规定，在保障数据安全的同时促进数据的流通利用。

对本条的理解分析，可从以下三方面入手：

第一，本条的适用主体。数据安全法第三十二条第一款对适用主体予以明确，对适用主体的范围不作限制，即任何组织、个人收集数据均应遵守合法、正当以及目的、范围限定原则。数据安全法对主体适用范围的规定与欧盟 GDPR 相近，欧盟 GDPR 第四条将适用主体规定为私主体以及公权力机关，[①] 同时也排除了部分公共机构的数据处理行为，典型如主管当局为预防、调查、发现或起诉刑事罪行或为执行刑事处罚（包括保障和防止对公共安全的威胁）而进行的个人数据处理。[②]

第二，合法正当原则。合法正当原则要求数据处理者收集数据的方式、目的和范围符合法律规定，对数据的收集提供了明确的指引。有学者指出，合法正当原则分别评价了数据处理的形式合法性、实质合法性。其中，“合法原则”从形式合法性的角度要求数据处理者符合法律的明确规定，依法进行数据处理活动；“正当原则”从实质合法性的角度评价数据处理目的与手段的合理性。[③] 此外，法律也规定了数据处理者收集数据的禁止性规定，即不得窃取或者以其他非法方式获取数据，保障数据来源的合法性。

第三，目的、范围限定原则。根据数据安全法第三十二条第二款规定，法律、行政法规对收集、使用数据的目的、范围有规定的，应当在其规定目的、范围内收集、使用数据。对于个人而言，目的、范围的明确是处理个人数据的前提，在规定的目的、范围内处理数据有助于维护数据的安全和稳定；对公共管理机构而言，处理数据更多是基于维护公共利益的目的考虑，不得超出目的、范围进行数据处理行为，依法合规收集、使用数据。

---

① See General Data Protection Regulation Article 4: “ ‘controller’ means the natural or legal person, public authority, agency or other body which, alone or jointly with others, determines the purposes and means of the processing of personal data; where the purposes and means of such processing are determined by Union or Member State law, the controller or the specific criteria for its nomination may be provided for by Union or Member State law...”

② See General Data Protection Regulation Article 2: “This Regulation does not apply to the processing of personal data: (a) in the course of an activity which falls outside the scope of Union law; (b) by the Member States when carrying out activities which fall within the scope of Chapter 2 of Title V of the TEU; (c) by a natural person in the course of a purely personal or household activity; (d) by competent authorities for the purposes of the prevention, investigation, detection or prosecution of criminal offences, the execution of criminal penalties, including the safeguarding against and the prevention of threats to public security.”

③ 参见刘权：《论个人信息处理的合法、正当、必要原则》，载《法学家》2021 年第 5 期。

【适用指南】

自 2015 年 8 月《国务院关于印发促进大数据发展行动纲要的通知》发布以来，数据的价值逐渐被人们所认可，数据应用的基础资源是包括个人信息和商业数据在内的海量数据，因此需要保持数据获得的便利性和充分流动性。① 本条针对数据的收集、使用提出了合法正当以及目的、范围限定的要求，有助于规范数据的处理活动，在保障数据安全的前提下促进数据的流通利用。

对数据收集、使用最典型的应用场景便是数据爬虫技术，即数据处理者通过数据爬虫技术从各网络平台收集数据。目前对于数据爬虫技术更多是依靠反不正当竞争法予以规制，以此来保障市场有序运行。但需要注意的是，采取违法手段开展数据爬虫技术收集数据，如通过侵入或破坏计算机信息系统进行的数据抓取行为，在构成不正当竞争行为的同时也存在违反数据安全法的风险，应当依照数据安全法第五十一条的规定承担相应的法律责任。

因此，数据处理者为了保证数据合规、控制数据风险，应做到以下几方面：一是在数据收集环节上，应及时梳理、整合数据收集的方式以及流程，确保符合法律规定，正当合法地收集数据；二是在数据存储环节上，数据处理者内部应建立完善的数据存储保密机制，确保存储数据的安全，为数据提供清洁、安全的环境；三是在数据的流转利用上，确保数据处理符合法律规定的范围和目的，如处理可能超出目的和范围，则应及时取得数据主体的同意或者采取其他相应的措施；四是在数据的整体流程把控上，数据处理者内部应建立数据处理负责人制度，对数据处理予以专项管理和负责，确保数据安全。综上，通过对数据收集、使用各个环节的把控，降低数据风险，确保数据安全，促使数据以安全有序的方式流通。

【相关规定】

《中华人民共和国民法典》第一千零三十五条；《中华人民共和国数据安全法》第五十一条；《中华人民共和国个人信息保护法》第五条、第六条等。

---

① 陈际红：《大数据应用中数据收集的合法性分析》，载《汕头大学学报（人文社会科学版）》2017 年第 5 期。

第三十三条　【数据交易服务的要求】从事数据交易中介服务的机构提供服务，应当要求数据提供方说明数据来源，审核交易双方的身份，并留存审核、交易记录。

【条文主旨】

本条是关于数据交易中介服务机构提供服务时的规定。

【条文理解】

本条规定了从事数据交易中介服务的机构提供服务时应遵循的义务，具体包括数据提供方说明数据来源、审核交易双方身份以及对交易记录的审核与留存的要求。对该条的理解分析应包括两点：第一，从事数据交易中介服务机构的定义；第二，该类机构所应遵循的义务，具体而言如下：

第一，从事数据交易中介服务机构的定义。在数据安全法中并未提及数据交易中介服务机构的定义，但我们可以从民法典以及相关标准中予以确定。一方面，根据民法典第九百六十一条的规定，中介合同是中介人向委托人报告订立合同的机会或者提供订立合同的媒介服务，委托人支付报酬的合同，从事数据交易中介服务的机构属于交易中的“中介人”。从事数据交易中介服务的机构作为数据买方和卖方之间的“中介人”，为数据交易中的买卖双方提供交易机会。另一方面，根据《信息安全技术 数据交易服务安全要求》的规定，从事数据交易中介服务的机构应属于“数据交易服务平台”，典型如数据交易中心等提供数据交易平台的企业，为数据交易双方提供各项信息化服务。因此，结合上述分析以及相关实践，从事数据交易中介服务的机构更多指的是“数据交易服务平台”，其通过搭建信息化的平台为数据交易中的买卖双方提供中介服务，促进数据的流转交易。

第二，数据中介服务机构的义务。数据安全法第三十三条从三方面提出了对数据中介服务机构的义务性规定：一是要求数据提供方说明数据来源。从主体来看，此义务性规定指向数据提供方，即数据交易中的卖方，要求其说明数据来源。该条规定主要的目的便在于确保数据来源的合法性，防止违法数据的输入，保障交易流程的安全和稳定。二是要求审核交易双方的身份。对交易主体身份的审核是为了保证交易主体的适格，审核交易主体是否符合相关交易规则或法律规定，确保数据安全以及交易的有效性。三是要求交易记录进行审核留存。该规定一方面要求对交易主体之间的交易记录进行审核，查看是否存在过往违规交易记录，明确交易过程中的风险；另一方面也是为了确保数据交易能顺利进行，保障数据交易安全。

【适用指南】

近年来，我国数据交易平台数量呈“井喷式”增长，出现了一系列大型数据交易平台，但对于数据交易的规则以及交易平台自身的权利与义务却未有统一的标准。数据安全法第三十三条从法律层面入手，规定了从事数据交易中介服务的数据交易平台应遵循的义务性要求，为数据交易平台的实际落地提供了指引。但是，目前对于数据中介服务机构的定义、审核的标准以及留存的时间长短等具体要求还未明确，在实务的操作上可能会遇到一定的障碍。

另外，从违法责任承担的角度来看，如果数据中介服务机构未能依法履行规定，根据要求进行交易数据提供方的背景审核、记录留存的，则根据数据安全法第四十七条的规定，导致非法来源数据交易的，由有关主管部门责令改正，没收违法所得，处违法所得一倍以上十倍以下罚款，没有违法所得或者违法所得不足十万元的，处十万元以上一百万元以下罚款，并可以责令暂停相关业务、停业整顿、吊销相关业务许可证或者吊销营业执照；对直接负责的主管人员和其他直接责任人员处一万元以上十万元以下罚款。

【相关规定】

《中华人民共和国民法典》第九百六十一条；《中华人民共和国数据安全法》第四十七条等。

第三十四条　【提供数据处理相关服务的行政许可要求】 法律、行政法规规定提供数据处理相关服务应当取得行政许可的，服务提供者应当依法取得许可。

【条文主旨】

本条是关于数据处理服务提供者的行政许可要求的规定。

【条文理解】

作为义务性条款，本条要求数据处理服务提供者应当依法从事数据处理活动，针对特定领域的数据处理服务的提供，依照法律、行政法规的规定，如果需要获得行政许可，那么有关服务提供者应当依法取得许可。相比数据安全法草案的“专门提供在线数据处理等服务的经营应当取得经营许可或备案”，正式条文进行了删改，其目的并非放宽数据处理服务资格的要求，而是从立法技术层面衔接现有的法律、法规，确保法律体系的统一性。①

目前与数据处理服务提供者联系最为密切的行政许可便是《中华人民共和国电信条例》及相关文件中所规定的第二类增值电信业务中的“在线数据处理与交易处理业务”（Electronic Data Interchange，以下简称“EDI经营许可证”）许可。《中华人民共和国电信条例》第七条第三款明确规定“未取得电信业务经营许可证，任何组织或者个人不得从事电信业务经营活动”，要求企业经营者在进行数据处理活动前获得许可。根据《电信业务分类目录（2015 年版）》，需要 EDI 经营许可证的业务包括交易处理业务、电子数据交换业务和网络/电子设备数据处理业务三类。EDI 经营许可证是企业用户提供相关数据处理服务的门槛，数据处理服务提供者必须满足相应的资质要求，才可以提供数据处理服务。

值得注意的是，该条款为数据处理相关服务的行政许可留出了将来立法的空间，为其提供了上位法依据。另外，结合数据安全法第十九条的规定，国家建立健全数据交易管理制度，规范数据交易行为，培育数据交易市场。为了维护和完善数据交易市场制度、规范市场秩序，进入数据交易市场的企业经营者必须获取法律规定的行政许可，加强对数据交易的监管。就数据处理的行政许可而言，数据安全法为后续数据交易的准入预留了空间。

在法律责任的规定上，本条作为义务性条款对数据处理服务提供者提

---

① 陈洁、葛静芳：《〈数据安全法〉颁布，企业如何避免数据合规风险？》，载北大法宝，https：//www.pkulaw.com/lawfirmarticles/dcf4c54675df3c93cd0132f9c617332ebdfb.html，最后访问时间：2021 年 8 月 31 日。

出了相关义务要求，在对义务主体进行规制的同时也需要有法律责任措施予以保障。数据安全法未设置与本条对应的法律责任条款，但是相关的惩罚措施将在其他具体的法律法规中予以明确，例如《中华人民共和国电信条例》第六十九条第一项直接对违反规定的行为予以惩处。

【适用指南】

本条的适用对象主要是数据处理服务提供者以及数据处理服务接收者。

对于数据处理服务提供者来说，一方面应遵守法律规定，依法取得相关的行政许可，满足数据处理服务提供的资质要求，确保主体合规、服务合规；另一方面由于不同领域数据处理的程度以及性质不同，因此数据处理服务提供者还需依据本领域的相关规定，依法合规开展数据处理活动，在法律规定的框架内开展相关业务。目前对于增值电信业务来说，已经明确了需要 EDI 经营许可证，数据处理服务提供者便可直接按照相关规定，获取许可后开展相关的业务活动。而对于个人征信领域来说，2021 年中国人民银行发布的《征信业务管理办法》第三条第二款明确了信用信息的范围，将信用信息的范围扩展为“依法采集，为金融等活动提供服务，用于识别判断企业和个人信用状况的基本信息、借贷信息、其他相关信息，以及基于前述信息形成的分析评价信息”。《征信业务管理办法》的出台为众多从事相关数据处理服务企业的发展划定了范围、指明了方向，在这种情况下，数据处理服务提供者要么积极获取许可，要么转变业务和发展模式。总而言之，对于数据处理服务提供者来说，应积极获取许可，满足资质要求，依法合规地进行数据处理活动。

对于数据处理服务接收者来说，不管是否与数据处理服务提供者存在利益上的关联，都应及时审查数据处理服务提供者的资质要求，在确保自身数据安全的前提下，保证相关数据接收的真实、安全、稳定。要求数据处理服务提供者获取行政许可，不仅是因为特定领域的数据处理具备重要性，更多也是为了保证数据处理服务提供者的主体合规、服务合法，保障用户的利益。

【相关规定】

《中华人民共和国电子商务法》第十二条；《中华人民共和国海关行政许可管理办法》第十四条等。

第三十五条 【公安机关、国家安全机关依法调取数据】 公安机关、国家安全机关因依法维护国家安全或者侦查犯罪的需要调取数据，应当按照国家有关规定，经过严格的批准手续，依法进行，有关组织、个人应当予以配合。

【条文主旨】

本条是关于公安机关、国家安全机关调取数据的相关规定。

【条文理解】

本条规定了公安机关、国家安全机关有权在法定条件下调取数据，有关组织、个人应当配合公安机关和国家安全机关的请求。通过立法确立了有关组织和个人为有关执法机关维护国家安全和侦查犯罪的活动提供配合的义务，是维护国家安全和惩治犯罪所必需的。

从文义解释的角度看，本条的适用条件主要有以下几点：第一，主体条件。根据本法第三十五条规定，有权调取数据处理者或数据主体相关数据的主体仅为公安机关或国家安全机关。第二，原因条件。适用本条的原因必须是公安机关或国家安全机关依法维护国家安全或者侦查犯罪的需要，除此之外公安机关或国家安全机关以其他理由要求数据处理者或数据主体配合数据调取工作，数据处理者或数据主体有权拒绝配合数据调取；第三，程序条件。本条在适用时要求公安机关和国家安全机关在调取数据时满足一定的程序要件，应当按照国家有关规定，经过严格的批准手续，依法进行数据调取工作。

在与刑事程序进行衔接的过程中还需注意的问题便是本条程序条件中的“经过严格的批准手续”是否等同于技术侦查、调查中的审批手续。根据《中华人民共和国刑事诉讼法》第一百五十条以及《中华人民共和国监察法》第二十八条的规定，公安机关、人民检察院、监察机关在法定条件下，经过严格的批准手续，可以采取技术调查措施。此时数据安全法第三十五条中的“经过严格的批准手续”是否可以等同于《中华人民共和国刑事诉讼法》第一百五十条以及《中华人民共和国监察法》第二十八条中的“经过严格的批准手续”。实际上，我们不能一概而论：从技术侦查、调查本身的特点出发，其适用的范围、条件、程序以及期限的严格程度都比调取数据要高；另外，在实践适用上更不能完全等同，否则容易产生实务工作的适用障碍。因此，本条中调取数据需“经过严格的批准手续”更倾向于是严格规范特定的侦查或调查措施的原则性审批要求，保持法律体系上的统一性。

还需注意的便是本条需与数据安全法第四十八条结合起来理解，数据安全法第四十八条规定了有关组织、个人拒不配合数据调取时应承担的法律责任，对不履行法定义务的组织、个人予以惩处，保障公安机关和国家安全机关能更好地履行维护国家安全和惩治犯罪的职能。

【适用指南】

从适用对象出发，本条主要为公安机关、国家安全机关设定了权利要求，同时也要求有关组织、个人承担相应的义务。因此，对于公安机关、国家安全机关来说，应当按照国家有关规定，经过严格的批准手续，依法合规调取数据；对于有关组织、个人来说，应积极履行法定的义务，依法配合公安机关、国家安全机关调取数据的请求，维护国家安全和协助侦查犯罪。

在实务中，公安机关、国家安全机关调取数据的对象大多是包括网络服务提供者在内的开展数据活动的第三方平台。第三方平台通常因自身体量庞大、用户群体复杂，在开展自身业务的同时收集、存储了大量用户的数据，数据安全法第三十五条实际上指向的就是这类主体调取数据的问题。公安机关、国家安全机关如因维护国家安全或侦查犯罪的需要调取数据，应当严格依照法律规定，经过严格的批准程序，依法调取第三方平台的数据；另外，第三方平台在履行配合义务之前，需注意核查申请人员的身份证件、调取依据、明确调取范围，并如实做好记录，以防不当提供数据。

【相关规定】

《中华人民共和国网络安全法》第二十八条；《中华人民共和国刑事诉讼法》第一百五十条；《中华人民共和国反恐怖主义法》第四十五条。

第三十六条　【境外司法的数据调取】中华人民共和国主管机关根据有关法律和中华人民共和国缔结或者参加的国际条约、协定，或者按照平等互惠原则，处理外国司法或者执法机构关于提供数据的请求。非经中华人民共和国主管机关批准，境内的组织、个人不得向外国司法或者执法机构提供存储于中华人民共和国境内的数据。

【条文主旨】

本条是关于向境外司法或执法机构提供数据的规定。

【条文理解】

本条对处理外国司法或者执法机构关于提供数据的请求做出了规定，明确要求非经中华人民共和国主管机关批准，境内的组织、个人不得向外国司法或者执法机构提供存储于中华人民共和国境内的数据。该条规定确认了国家对境内数据的管辖权，有利于封堵外国司法或执法机构的“长臂管辖”，维护国家安全，确保国内组织、个人免受外国的非法打压，同时对外国司法或者执法机构跨国的司法调查予以法律上的规制。

关于外国机构的跨境调查以及跨境材料提供，国际刑事司法协助法和证券法已经有所规定。首先，国际刑事司法协助法第四条第三款明确规定：“非经中华人民共和国主管机关同意，外国机构、组织和个人不得在中华人民共和国境内进行本法规定的刑事诉讼活动，中华人民共和国境内的机构、组织和个人不得向外国提供证据材料和本法规定的协助。”国际刑事司法协助法对跨境刑事调查予以规制。其次，证券法第一百七十七条第二款则规定：“境外证券监督管理机构不得在中华人民共和国境内直接进行调查取证等活动。未经国务院证券监督管理机构和国务院有关主管部门同意，任何单位和个人不得擅自向境外提供与证券业务活动有关的文件和资料。”证券法对跨境证券业务调查行为予以了规制。最后，此次数据安全法第三十六条补齐了跨境数据提供的短板，在适用范围上不限制某一领域，将范围扩展到存储于中华人民共和国境内的数据，对我国的数据安全予以保障。

综上所述，首先，根据本条的规定，处理外国司法或者执法机构关于提供数据的请求基础是中华人民共和国有关法律和中华人民共和国缔结或者参加的国际条约、协定，或者按照平等互惠原则，明确我国的数据主权地位以及合作基础；其次，境内的组织、个人未得到有关主管机关的批准，不得擅自向境外机构提供存储于中华人民共和国境内的数据；最后，数据安全法第四十八条第二款也规定了相应的法律责任条款，对违反法律的行为予以惩处。从实践的角度进行考虑，数据安全法的规定极大封堵了外国“长臂管辖”的可能性，完善了我国跨境司法调查体系，维护数据安全。

【适用指南】

本条的主要适用对象为应对跨国纠纷的当事人。一方面，跨国公司及其他本土企业面对外国司法或执法机构关于提供数据的请求时应遵守我国的法律规定，在未获得相关主管机关批准的情况下，不得擅自向外国机构提供数据；[①] 另一方面，根据本条规定，当事人依据境外司法或执法机构的要求提供相应数据，需经过有关主管机关的批准。本条在适用的过程中需进一步明确主管机关的报批程序和条件，在确保审查合规、维护数据安全的前提下，提高审查效率，防止当事人因跨境证据材料未及时提供导致不利风险。

另外，根据数据安全法第三十六条的规定，非经中华人民共和国主管机关批准，境内的组织、个人不得向境外的司法或执法机构提供存储于中华人民共和国境内的数据，数据的提供对象为境外的司法或执法机构。因此，跨国公司内部调查产生的数据流动并不会受到本条的规制。

【相关规定】

《中华人民共和国国际刑事司法协助法》第四条；《中华人民共和国出口管制法》第三十二条；《中华人民共和国民事诉讼法》第二百七十七条；《中华人民共和国刑事诉讼法》第十八条。

---

① 刘海涛、邱玮鑫：《跨境调查的法律规制》，载金杜律师事务所官网，https：//www. chinalawinsight. com/2021/06/articles/dispute-resolution/%e8%b7%a8%e5%a2%83%e8%b0%83%e6%9f%a5%e7%9a%84%e6%b3%95%e5%be%8b%e8%a7%84%e5%88%b6/，最后访问时间：2021 年 8 月 31 日。

案例解读

第三方通过 Open API[①] 获取相对平台用户信息时应坚持“用户授权”+“平台授权”+“用户授权”的三重授权原则[②]

【案情简介】

×梦公司是某网络社交服务平台——××微博的经营人，×友技术公司、×友科技公司共同经营另一网络社交服务平台——×脉软件及×脉网站。双方曾签订《开发者协议》并通过××微博平台 Open API 进行合作。×梦公司表示，根据《开发者协议》×友技术公司、×友科技公司仅为普通用户，可以获得××微博用户的 ID 头像、好友关系（无好友信息）、标签、性别，无法获得新浪××微博用户的职业和教育信息，但×友技术公司、×友科技公司违反了《开发者协议》，使大量未注册为×脉用户的××微博用户的相关信息也展示在×脉软件中，且双方合作终止后，×友技术公司、×友科技公司仍使用大量非×脉用户的××微博用户信息。×梦公司遂以不正当竞争为由将×友技术公司与×友科技公司诉至法院。

一审法院认定二被告行为构成不正当竞争，须立即停止涉案行为，并刊登声明、消除影响、赔偿损失。二被告不服一审判决，遂向北京知识产权法院提起上诉。最终二审驳回上诉，维持原判。

【案例焦点】

根据一、二审法院的判决，整理出案件的主要核心问题如下：

1. 被告的行为是否构成不正当竞争行为。

2. 被告是否非法抓取、使用××微博用户信息。

3. 被告是否非法获取、使用×脉用户手机通讯录联系人与××微博用户对应关系。

---

① API 是指 Application Programming Interface，中文一般译为应用程序接口。Open API，即开放平台，是指平台运营者将本平台的服务封装成一系列 API 后向外界开放，供第三方开发者使用。

② 参见北京市海淀区人民法院（2015）海民（知）初字第 12602 号民事判决书；北京知识产权法院（2016）京 73 民终 588 号民事判决书。

【裁判要旨】

对于第一个问题，原、被告同为网络社交服务提供者，存在竞争关系；被告获取并使用涉案××微博用户信息的行为，以及获取、使用×脉用户手机通讯录联系人与××微博用户对应关系的行为，违反了诚实信用的原则，违背了公认的商业道德，危害到××微博平台用户信息安全，损害了×梦公司的合法竞争利益，对×梦公司构成不正当竞争。

对于第二个问题，二审法院认为，Open API 开发合作模式是在互联网环境下实现数据信息资源共享的新途径。《开发者协议》是约束 Open API 合作双方的协议。同时，按照相关法律规定，网络服务提供者收集、利用用户信息应当遵循合法、正当、必要的原则并经被收集者同意。故，Open API 开发合作模式中数据提供方向第三方开放数据的前提是数据提供方取得用户的同意。同时，第三方平台在使用用户信息时还应当明确告知用户其使用的目的、方式和范围，再次取得用户的同意。因此，在 Open API 开发合作模式中，第三方通过 Open API 获取用户信息时应坚持“用户授权”+“平台授权”+“用户授权”的三重授权原则。

被告并没有基于《开发者协议》在取得用户同意的情况下读取非×脉软件用户的××微博信息，没有充分尊重《开发者协议》的内容，未能尊重用户的知情权及自由选择权，在一定程度上破坏了 Open API 合作开发模式，其获取、使用××微博用户信息的行为不具备合法性。

对于第三个问题，一审法院认为，包括手机号在内的相关用户精准信息与××微博之间的对应关系，为××微博用户信息构成中重要的组成部分，这种对应关系也是×梦公司重要的经营利益所在。在本案缺乏充分证据证明二被告能从××微博合法获取此类精准信息的情况下，二被告获取涉案对应关系不具有合法性。二审法院也对此观点表示支持。

【专家评析】

本案明确了第三方通过 Open API 开发合作平台获取用户信息时应坚持“用户授权”+“平台授权”+“用户授权”的三重授权原则，对实践中数据处理者获取公民个人数据的行为予以明确指引。根据数据安全法第三十三条第一款规定，任何组织、个人收集数据，应当采取合法、正当的方式，不得窃取或者以其他非法方式获取数据。一方面，平台在获取用户个人数据之前应积极取得用户授权同意，尊重用户的数据权益；另一方面，数据处理者应坚持采取正当、合法的方式获取数据，不得使用违法手段收集数据。

第五章　政务数据安全与开放

第三十七条　【电子政务建设的推动】国家大力推进电子政务建设，提高政务数据的科学性、准确性、时效性，提升运用数据服务经济社会发展的能力。

【条文主旨】

本条是关于推动电子政务建设，促进数字经济发展的规定。

【条文理解】

本条作为数据安全法第五章的首条，明确了电子政务建设和政务数据安全保护的要求，确定了使用政务数据服务经济社会的导向。众所周知，“互联网+”的理念贯穿于数据时代的每个阶段，“互联网+政府服务”的理念更是提升政府服务能力和服务水平的关键。在信息化时代，国家层面重视通过互联网等信息技术提升政务服务质量，陆续提出“电子政务建设”“互联网+政务服务”“数字政府”等概念，促进服务型政府的转变，提升运用数据服务经济社会发展的能力。

数据安全法在“政务数据安全与开放”一章再次表明国家需大力推进电子政务建设，要求提高政务数据的科学性、准确性、时效性，提升运用数据服务经济社会发展的能力。本条规定既表明了国家推进数据政府、加强电子政务建设的决心，也突出了运用数据服务经济社会发展的趋势，具体而言表现为以下几个方面：

第一，国家大力推进电子政务建设，提高政府数字化治理能力。信息化技术的快速发展及广泛应用，加快了政府治理对象的数字化转型。在个体层面，电子证件、人脸识别、通信大数据等信息汇集了大量的个人数据，形成了大量具备个人特征、可识别的数字信息；在企业层面，各类大型数字化平台兴起，汇集用户信息，通过数据的收集、分析促进商业模式的更新，在推动企业经济发展的同时，各类数据处理的风险也广泛存在；在社会层面，网络虚拟世界与现实物质世界交相呼应，形成了动态交互的局面，社会数字化进程加快推进。由此，个体、企业、社会等数据主体加快数字化转型，倒逼政府关注数字化建设，提升数据治理能力。① 本条明确了国家需大力推进电子政务建设，本质上是为了通过与数据的融通，提高政府的数字化治理能力，提升政府治理效能，应对信息化时代治理对象数字化转型的趋势。

第二，提升运用数据服务经济社会发展的能力。政府加强电子政务建设，加快数字化转型，不单单是为了提升政府治理能力，更是为了提高政府的服务水平和服务效能。在保障政务数据安全的前提下，推进政务数据的流通利用，提高数据服务经济社会的能力，是数字化时代政府转型发展的必然趋势。通过提高政务数据的科学性、准确性、时效性，推进政务数据开放，用数据服务群众，也是建设服务型政府的关键。

【适用指南】

本条对国家层面建设数字政府提出了指引和要求。从数据被定义为生产要素开始，数据的价值和重要性就不容忽略，保障数据安全和推进数据开放利用成为实践中各个主体发展的要点。对于政府来说，推进电子政务建设、加强提升数据服务经济社会的能力是建设数字政府的必然趋势，政府应顺应这一趋势，保障数据安全，推进数据的开放利用。具体而言应注意以下几点：

第一，大力推进电子政务建设必须坚持以人民为中心。政府推进电子政务建设、提升数字治理能力，最终目的都是构建服务型政府，服务广大群众。因此，政府在推进电子政务时，必须将电子政务建设与人民群众的需求结合起来，从服务群众的视角优化办事流程、提高办事效率，构建电子政府服务体系。

第二，保障政务数据安全，完善数据安全相关措施。推进政务数据开

---

① 参见《数字时代治理现代化研究报告——数字政府的实践与创新》，载中国信息通信研究院网站，http：//www. caict. ac. cn/kxyj/qwfb/ztbg/202103/P020210302513072095209. pdf，最后访问时间：2021 年 8 月 21 日。

放利用的前提是必须保障政务数据安全稳定，通过完善相关安全保护措施，确保政务数据的安全与稳定，为提高政务数据科学性、准确性、时效性提供保障。

第三，提升运用数据服务经济社会发展的能力。加强政府数据运用服务能力，不仅需要政府积极推进数字化转型，更需要转变传统服务思维。一方面，积极出台相关政策鼓励支持数字服务经济社会，倡导数字经济；另一方面，加强政府人才队伍培养，提升政府队伍数字化服务思维和数字化服务水平，进而提高内部工作效率和政务服务质量。

【相关规定】

《中华人民共和国网络安全法》第十八条；《中华人民共和国行政许可法》第三十三条。

第三十八条　【国家机关收集、使用数据】国家机关为履行法定职责的需要收集、使用数据，应当在其履行法定职责的范围内依照法律、行政法规规定的条件和程序进行；对在履行职责中知悉的个人隐私、个人信息、商业秘密、保密商务信息等数据应当依法予以保密，不得泄露或者非法向他人提供。

【条文主旨】

本条是关于国家机关为履行法定职责的需要收集、使用数据时所应遵循的义务性条款的规定。

【条文理解】

国家机关作为数据收集、使用的主体之一，在数据的安全保护和流通利用上发挥着重要的作用。为实现有效的行政管理，有关部门进行了大量公共服务数据采集，同时也催生了很多数据分析工具，提升了政务数据的体量和质量。但正因为国家机关所处理的数据的重要性以及不同于市场中的数据处理者的独特性，国家机关对于数据的收集、使用的严格程度会更高。正是基于此种考虑，数据安全法针对国家机关收集、使用数据提出了明确的义务性规定。总体上看，国家机关进行数据处理活动具备获取数据的强制性、处理数据的公益性、数据安全保障的严格性的特点。[①] 本条基于以上几种特点对国家机关作出了相关的义务性规定，具体特点分析如下：

第一，获取数据的强制性。国家机关由于主体本身具备强制性特点，其获取数据的过程也充满了强制性色彩。典型如《中华人民共和国个人信息保护法》第十三条第一款第三项明确规定“为履行法定职责或者法定义务所必需”作为国家机关处理个人信息的合法性基础，强调了国家机关处理个人信息的强制性。与之相同，国家机关为履行法定职责获取数据的行为也带有强制性色彩。

第二，处理数据的公益性。与市场中的数据处理者不同，国家机关处理数据更多是基于公共利益考虑。在信息化时代，国家机关对于数据处理、数据利用的要求更高，需要通过数据的处理来更好地履行法定职责，维护公民和国家的权益。作为人民赋予权力的机构，对于数据处理的过程自然是以公共利益为导向。

第三，数据安全保障的严格性。正如上文提及，国家机关处理数据往往涉及公共利益和国家安全各方面，因此国家机关对于数据安全的保障较市场上的数据处理者而言会更加严格。一方面，设置了数据安全保障的各项义务，要求国家机关依法进行数据处理活动，确保不侵犯数据安全；另一方面，通过严格的惩处措施来予以保障，设置相应的法律责任条款，对违反数据安全保护义务的行为予以惩处。

【适用指南】

本条针对国家机关收集、使用数据提出了明确要求，通过该条的规定可以整理归纳出国家机关在进行数据处理活动时应遵守的原则，具体如下：

第一，法律保留原则。法律保留原则体现在国家收集、使用数据中，是指对国家收集、使用数据的规范应保留给立法机关制定，其他任何机关和组织不得私自订立关于国家收集、使用数据的规章制度。国家机关收集、使用数据应当在其履行法定职责的范围内，为履行法定职责而进行，而国家机关的权能和职责应由立法机关予以规定。

第二，正当程序原则。国家收集、使用数据还应依照法律、行政法规规定的条件和程序，在收集、使用数据时获得数据主体同意，充分告知数

---

① 参见王爽：《二元责任主体架构下国家机关处理个人信息的规则建构》，载《内蒙古社会科学》2021 年第 4 期。

据主体关于数据收集、使用的情况，尊重当事人的知情权。

第三，安全保障原则。国家机关应当对所获得的数据履行安全保障义务，具体而言，对在履行职责中知悉的个人隐私、个人信息、商业秘密、保密商务信息等数据应当依法予以保密，不得泄露或者非法向他人提供。

另外，在以上原则之外，数据处理还包括公开原则、责任原则等。国家机关应遵守相关规定，履行数据安全保护义务，维护数据安全。

【相关规定】

《中华人民共和国网络安全法》第四十五条；《中华人民共和国外商投资法》第二十三条；《中华人民共和国电子商务法》第八十七条。

第三十九条　【国家机关的数据安全保护义务】国家机关应当依照法律、行政法规的规定，建立健全数据安全管理制度，落实数据安全保护责任，保障政务数据安全。

【条文主旨】

本条是关于国家机关数据安全保护义务的规定。

【条文理解】

本条作为义务性条款，明确规定了国家机关的数据安全保护义务，要求国家机关建立健全数据安全管理制度，保障政务数据的安全，实现国家机构与运营者的衔接。在主体上，本条明确规定了国家机关为数据安全保护义务的主体。从文义解释的角度入手，数据安全保护义务属于全体国家机关的职责承担范围，并不仅限于某个国家机关或某个部门，所有的国家机关都有可能涉及数据安全，都是本条约束的对象，都应依法依规建立健全数据安全管理制度。

另外，本条规定还需与数据安全法中的其他法条结合适用。首先，数据安全法第三章专章规定了“数据安全制度”，针对数据安全保护，法律规定以国家为主体建立一系列数据安全制度，如数据分类分级制度、数据安全风险评估、报告、信息共享、监测预警机制和数据安全应急处置机制、数据安全审查制度等，并要求对关系国家安全、国民经济命脉、重要民生等国家核心数据，实行更严格的管理制度；其次，根据数据安全法第二十七条第一款的规定，数据处理者开展数据处理活动应当依照法律、法规的规定，建立健全全流程数据安全管理制度，组织开展数据安全教育培训，采取相应的技术措施和其他必要措施，保障数据安全。此处对于政务数据安全的保障同样需要满足第二十七条的规定，国家机关在履行数据安全保护义务时需与第二十七条的规定一同理解适用；最后，数据安全法第四十九条针对不履行本条的规定设置了相应的惩罚性条款，第四十九条明确规定国家机关不履行本法规定的数据安全保护义务的，对直接负责的主管人员和其他直接责任人员依法给予处分，以此保障国家机关依法履行规定的数据安全保护义务。

因此，国家建立健全数据安全管理制度不能忽略与其他法条之间的联系，应从整个法律体系入手分析规定之间的关联，准确理解法条的内涵。

【适用指南】

数据安全法对政务数据提出了明确的要求，强调机关单位必须依照法律、行政法规的规定，建立健全数据安全管理制度，落实数据安全保护责任，保障政务数据安全。本条就对国家机关的数据安全保护义务的落实提出了要求，一方面，需仔细研读法律法规，结合国家机关自身职责与职能范围形成自己的数据安全管理制度，完善数据安全保护的流程规范；另一方面，国家机关也需整合自己过往的执法办事经验，探索促进制度落地的新方式。国家机关的数据安全保护义务较其他市场数据处理者严格，主要是因为所处理的政务数据在很大程度上属于涉及国家安全、国家利益的国家核心数据，因此需要更加严格完善的管理制度予以保障。

在具体规范的制定上，国家机关应根据自身的职责与权能搭建数据使用的规范框架，对此，不同的国家机关、行使公共管理的职能部门应当制定适合本机关、本部门的数据收集、使用规范制度，并根据业务的变化、数据级别、公开目录的变化及时进行调整；另外在构建数据安全管理制度时，还需注重规范管理与技术实操的结合，在构建数据安全管理系统时，通过技术人员与管理人员的共同参与，实现制度规定的落地。

【相关规定】

《铁路旅客运输安全检查管理办法》第四条；《铁路安全管理条例》第五十六条；《中央企业境外国有产权管理暂行办法》第三条。

第四十条　【国家机关委托建设电子政务系统】 国家机关委托他人建设、维护电子政务系统，存储、加工政务数据，应当经过严格的批准程序，并应当监督受托方履行相应的数据安全保护义务。受托方应当依照法律、法规的规定和合同约定履行数据安全保护义务，不得擅自留存、使用、泄露或者向他人提供政务数据。

【条文主旨】

本条是关于国家机关委托他人建设、维护电子政务系统，存储、加工政务数据时，各方应注意的义务的规定。

【条文理解】

本条是义务性规范条款，规定了国家机关和提供服务的第三方在建设、维护电子政务系统，存储、加工政务数据时的数据安全保护义务。一方面，对于国家机关来说，如因业务需要委托他人从事政务系统建设、数据处理活动的时候，要先经过批准，然后要监督受托方履行数据安全保护义务。所选择的受托方必须具备数据安全保护的管理能力、技术能力。另一方面，对于提供服务的第三方即受托方来说，所需要履行的数据安全保护义务不仅包括法律、法规的规定，同时还包括与委托方约定的合同义务，不得擅自留存、使用、泄露或者向他人提供政务数据。

另外，对比数据安全法草案一审稿和二审稿，本条有几点值得我们注意：

第一，扩大国家机关报批和监督的范围。数据安全法草案一审稿第三十七条仅提及“委托他人存储、加工政务数据或者向他人提供政务数据”需要经过严格的批准程序，而正式条文增加了“委托他人建设、维护电子政务系统”。这意味着国家机关报批和监督的范围有所扩大，不再局限于“存储”“加工”等直接取得政务数据的情形，“建设”“维护”等可能情形也应受到规制。这更加符合当前的实际情况，提升了条文的完善性和科学性。

第二，细化受托方的义务规定。在数据安全法草案二审稿中仅规定了“应当监督受托方、数据接收方履行相应的数据安全保护义务”，没有展开分析受托方处理政务数据的其他情形，总体规定较为笼统；但在本条中，针对受托方应遵循的义务性规定进一步细化为“应当依照法律、法规的规定和合同约定履行数据安全保护义务，不得擅自留存、使用、泄露或者向他人提供政务数据”，规定更加具体。一方面，本条表明了受托方不仅需遵守法律、法规所规定的义务，还需要依照与国家机关签订的合同规定履行数据安全保护义务，合同约定成为数据安全保护义务的重要来源之一；另一方面，本条也从委托他人处理政务数据入手，明确受托方不得擅自留存、使用、泄露或者向他人提供政务数据。

【适用指南】

本条的适用对象主要分为国家机关和提供服务的受托方，提供服务的受托方指通过签订合同的方式，承担信息技术服务的商业机构。二者在处理涉及政务数据的相关活动过程中，必须依法合规履行义务，保护政务数据安全，具体而言应做到如下内容：

对于国家机关来说，作为政务数据的提供方、使用方和管理方，首先，应做到事前合理评估第三方服务机构的资质和技术能力，确保提供服务的受托方具备安全、可靠的合同履行能力；其次，在合同签订过程中应依法遵循严格的审批程序，明确数据权利权属与安全保护义务，界定各方履行职责与安全义务边界，保障合同依法履行；最后，在监管上，国家机关应依法履行数据安全的监管义务，监督受托方履行相应的数据安全保护义务，确保服务受托方所提供的产品和服务能持续满足安全能力要求。

对于提供服务的受托方来说，除了应遵守本条所规定的数据安全义务之外，还应履行与委托方约定的合同义务，确保在建设、维护电子政务系统，存储、加工政务数据中，合法合规进行相关的数据处理活动，不擅自留存、使用、泄露或者向他人提供政务数据；另外，提供服务的受托方也应加强企业内部人员的数据安全培训，在技术上确保产品与服务符合相关要求，强化企业内部人员数据安全保护意识，维护政务数据安全。

【相关规定】

《中华人民共和国固体废物污染环境防治法》第三十七条；《中华人民共和国电子商务法》第二十五条；《中华人民共和国药品管理法》第三十二条。

第四十一条　【政务数据公开的原则】 国家机关应当遵循公正、公平、便民的原则，按照规定及时、准确地公开政务数据。依法不予公开的除外。

【条文主旨】

本条是关于政务数据公开原则的规定。

【条文理解】

本条规定了政务数据公开的基本原则，与本法第四十二条结合，共同构成了政务数据开放利用的基本法律框架。本条明确规定政务数据的开放遵循以公开为原则、不公开为例外。对于依法应当公开的政务数据，国家机关应当遵循公正、公平、便民的原则，按照规定及时、准确地公开政务数据。但是对于法条中所指出的"按照规定"并未明确细化应适用哪一规定。有学者指出，根据以往对于政府信息公开的规定，可以参照《中华人民共和国政府信息公开条例》对政府信息公开流程、对依法应当开放的政务数据执行。① 国家机关可在结合所公开政务数据的性质、特点及内容等因素的基础上，依照有关信息公开条例或规定，及时、准确地对政务数据予以公开。还需注意的是政府需要对依法不公开的数据加以明确规定。从开放数据本身的角度来看，政务大数据开放呈现出其与传统政府信息公开的区别，即所开放的不仅仅是数据本身，还应开放尽可能全面的相关信息数据。② 通过明确政务数据公开的范围以及相关程序，确保政务数据以公正、便民的方式让公众知晓，在促进数据流通利用的同时保障公众知情权的实现。

另外，政务数据公开的内容应主要以公共信息资源为重点。国务院在2015年发布的《关于印发促进大数据发展行动纲要的通知》（国发〔2015〕50号）中指出要求"优先推动信用、交通、医疗、卫生、就业、社保、地理、文化、教育、科技、资源、农业、环境、安监、金融、质

① 参见马琳昆：《政务数据共享开放的原则与界限》，载《民主与法制时报》2021年6月30日。

② 参见翁列恩、李幼芸：《政务大数据的开放与共享：条件、障碍与基本准则研究》，载《经济社会体制比较》2016年第2期。

量、统计、气象、海洋、企业登记监管等民生保障服务相关领域的政府数据集向社会开放”；随后，中央网信办、国家发改委、工信部联合印发的《公共信息资源开放试点工作方案》也明确了试点工作重点开放信用服务、医疗卫生、社保就业、公共安全、城建住房、交通运输、教育文化、科技创新、资源能源、生态环境等领域的公共信息资源。政务数据的开放以公共信息资源为重点，一方面，可以保障公众知情权的实现，尊重公众的权利，提高政府工作的透明度；另一方面，为政务数据的开放明确重点，划定范围，有利于集中力量发挥政务数据开放的最大经济和社会价值，促进政务数据的开放利用。

【适用指南】

从适用角度上看，本条规定了政务数据的开放的基本原则，相关主体在公开政务数据时应遵循以公开为原则、不公开为例外的规定。对于依法应当公开的政务数据，一方面，应联系本法第四十二条的规定，制定政务数据开放目录，明确政务数据公开的范围与界限，在公开的内容上以公开公共信息资源为重点，最大限度开发数据的经济和社会价值；另一方面，应遵循法律规定的程序，在政务数据的公开上遵守公正、公平、便民的原则，按照规定及时、准确地公开政务数据。另外，对于依法不公开的数据，相关主体也应明确不公开的内容范围，尊重公众知情权，提高政府工作的满意度和认可度。

【相关规定】

《安全生产监管监察部门信息公开办法》第九条；《医疗事故处理条例》第三条；《食品经营许可管理办法》第三条。

第四十二条　【政务数据开放】国家制定政务数据开放目录，构建统一规范、互联互通、安全可控的政务数据开放平台，推动政务数据开放利用。

【条文主旨】

本条是关于制定政务数据开放目录，推动政务数据开放利用的规定。

【条文理解】

政务数据蕴含着极大的经济价值与社会价值，其开放利用对于推动政府服务模式转型，促进社会经济模式转变有着巨大的意义。有学者认为，目前全球的电子政务已进入以“公开透明、互动沟通、开放创新、平台服务”为特征的政府 2.0 时代①，政府部门也发生了根本性变革。政府不再是一个条块分割、封闭的架构，而是成为开放、协同、合作、互动的架构。实现这一政府管理方式变迁，首先需要实现政府的开放性，即实现政务数据的开放与共享。②

我国关于政务数据开放的相关法律法规、政策文件还处在完善阶段。关于我国对政务数据开放的规定，可追溯到 2007 年制定的《中华人民共和国政府信息公开条例》，随后 2013 年发布了《当前政府信息公开重点工作安排》，我国的政务数据开放共享还需进一步推进；国务院在 2015 年发布的《关于印发促进大数据发展行动纲要的通知》（国发〔2015〕50 号）中指出，目前，我国在大数据发展和应用方面已具备一定基础，拥有市场优势和发展潜力，但也存在政府数据开放共享不足、产业基础薄弱、缺乏顶层设计和统筹规划、法律法规建设滞后、创新应用领域不广等问题，提出需要要大力推动政府部门数据开放共享，加快各地区、各部门、各有关企事业单位及社会组织信用信息系统的互联互通和信息共享；2016 年 9 月 5 日，国务院印发《政务信息资源共享管理暂行办法》，提出政务信息资源共享应遵循的原则；2016 年 9 月 25 日，《国务院关于加快推进“互联网+政务服务”工作的指导意见》发布，提到要推进政务信息共享；另外，2019 年国家针对《中华人民共和国政府信息公开条例》进行了修订，并于 2020 年发布了《政府信息公开信息处理费管理办法》，逐步完善政府数据开放共享法律规范体系。

数据安全法针对政务数据的安全与开放进行专章规定，明确了政务数据开放中政府、企业与社会组织及公民的权利与义务。本条规定国家制定政务数据开放目录、构建统一规范、互联互通、安全可控的政务数据开放平台的措施，其实早在 2016 年《政务信息资源共享管理暂行办法》便对政务信息的共享作出了规定，确认由国家发改委负责制定《政务信息资源

---

① “政府 2.0”由 Web 2.0 之父蒂姆·奥莱利（Tim O'Reilly）最先提出，是对应于 Web 2.0 的一个概念，“1.0”与“2.0”的区别在于由“单向”向“双向”的转变。

② 参见翁列恩、李幼芸：《政务大数据的开放与共享：条件、障碍与基本准则研究》，载《经济社会体制比较》2016 年第 2 期。

目录编制指南》，明确政务信息资源的分类、责任方、格式、属性、更新时限、共享类型、共享方式、使用要求等内容；国家发改委负责组织推动国家共享平台及全国共享平台体系建设，推动政务数据的开放与利用。本条对于制定政务数据开放目录、构建政务数据开放平台的规定，将政务数据的开放共享从法律层面确定下来，为促进各部门、各领域、各行业之间数据的互联互通、推动政务数据开放利用提供了保障。

【适用指南】

本条的适用对象为政务数据主体，即国家机关以及法律、法规授权的具有管理公共事务职能的组织。本条作为义务性规范条款，要求政务数据主体制定政务数据开放目录，构建统一规范、互联互通、安全可控的政务数据开放平台，推动政务数据开放利用。对于政务数据开放目录的制定来说，应明确政务数据开放的基本原则，确定制定主体、落实责任，同时应对政务数据的开放范围、内容、使用的方式、条件等作出具体规定，以便法律的顺利落地；对于构建政务数据开放平台来说，本条明确了构建的要求，即统一规范、互联互通、安全可控。相关主体在构建政务数据开放平台时，应在确保政务数据安全可控的前提下，实现数据的开放利用，完善相关措施，落实主体责任。

第四十三条　【主体的范围】法律、法规授权的具有管理公共事务职能的组织为履行法定职责开展数据处理活动，适用本章规定。

【条文主旨】

本条是关于本法第五章政务数据安全与开放责任主体的范围规定。

【条文理解】

本条对政务数据的主体进行了概括性规定，明确法律、法规授权的具有管理公共事务职能的组织为履行法定职责开展数据处理活动都应遵守相关规定。本法第五章在相关条文表述上将“国家机关”作为政务数据的义务主体，本条对义务主体的范围进一步明确，将其确定为“法律、法规授权的具有管理公共事务职能的组织”。另外，本条也指明了适用的目的要求，即履行法定职责开展数据处理活动，强调了政务数据的公共属性。法律、法规授权的具有管理公共事务职能的组织只有在履行法定职责的过程中，产生了相应的数据处理活动，才应适用数据安全法中关于“政务数据”的规定。

【适用指南】

本条在适用上明确了政务数据的主体范围和适用目的。在主体上，开展政务数据处理活动的，应为法律、法规授权的具有管理公共事务职能的组织，如国家机关以及其他具备公共管理职能的组织；另外，在适用目的上，须为履行法定职责开展数据处理活动，如果相关具备公共管理职能的主体在开展数据活动时并未满足目的要求，那么可能不会产生适用上的法律效果。在具体适用上，法律、法规授权的具有管理公共事务职能的组织在履行法定职责开展数据处理活动时，应依照法律、行政法规所规定的条件和程序进行，落实相关数据保护责任，保障政务数据安全；同时也应推进政务数据平台构建，推动政务数据开放利用。

对于其他主体，尤其是与政府进行合作开展数据平台建设并对相关数据进行商业化开发的企业，同样不能忽视数据安全法中关于政务数据的有关规定，应及时梳理、整合业务活动过程中可能涉及政务数据的内容，确保数据处理活动依法合规进行。

【相关规定】

《中华人民共和国行政许可法》第二十三条；《中华人民共和国行政强制法》第七十条；《中华人民共和国政府信息公开条例》第五十四条。

案例解读

国家机关工作人员利用职务便利非法获取、倒卖政务数据的法律责任①

【案情简介】

被告人张某，为××市工商行政管理局工作人员。2017 年 4 月至 2018 年 12 月期间，被告人张某为谋取非法利益，利用其在××市工商行政管理局工作的职务便利，用其办公电脑查询湖北省工商局大数据分析平台，收集湖北省内注册企业登记的法人姓名、联系电话等公民个人信息电子数据后，用读卡器导入其 TF 存储卡。随后，被告人张某通过其手机 QQ 群搜索寻找购买公民个人信息的人员，谈好价格、付款方式后，再通过其手机将 TF 存储卡中公民个人信息发送给购买人员。

其中钟某（已判刑）等人购买上述公民个人信息后实施诈骗活动，获赃款 20 余万元；韩某购买上述公民个人信息后拓展自己公司业务。

经查，张某 2017 年 11 月 16 日至 2018 年 12 月 3 日收取现金共计 236096 元。经湖北省公安司法鉴定中心鉴定，从 TF 存储卡中提取去重后的公民个人信息共计 51863 条。

检察院依法提起公诉，并依法提交了证人证言、扣押物品（公民个人信息资料计 42003 条）、监控视频、收款账户、大数据分析平台查询记录等证据。

张某如实供述罪行，自愿认罪认罚，主动退清全部赃款、缴纳罚金。

【案例焦点】

对于张某的行为如何定罪量刑。

【裁判要旨】

公诉机关认为，被告人张某违反国家有关规定，将在履行职责过程中

---

① 湖北省京山市人民法院（2019）鄂 0821 刑初 230 号刑事判决书。

获得的公民个人信息出售给他人，情节特别严重，其行为已触犯《中华人民共和国刑法》第二百五十三条之一的规定，应当以侵犯公民个人信息罪追究刑事责任。

法院认为，被告人张某违反国家有关规定，将在履行职责过程中收集的公民个人信息出售给他人，数量达51863条，违法所得236096元，情节特别严重，其行为已构成侵犯公民个人信息罪，应予惩处。公诉机关的指控成立。

【专家评析】

数据安全法第三条第一款规定，本法所称数据，是指任何以电子或者其他方式对信息的记录。因此，本案所涉及的公民个人信息电子数据应当属于数据安全法的适用范围，而且该电子数据为湖北省工商局大数据所存储，属于政务数据。对该电子数据的收集、存储、使用、加工、传输、提供、公开等均应当严格依照数据安全法关于政务数据的相关规定。根据数据安全法第三十八条规定，国家机关为履行法定职责的需要收集、使用数据，应当在其履行法定职责的范围内依照法律、行政法规规定的条件和程序进行；对在履行职责中知悉的个人隐私、个人信息、商业秘密、保密商务信息等数据应当依法予以保密，不得泄露或者非法向他人提供。对于政务数据的收集、使用应当遵循正当程序原则，在收集、使用数据时获得数据主体同意，履行相应的告知和保密义务。但在本案中，被告人张某作为行政机关工作人员，利用职务便利，非法收集湖北省内注册企业登记的法人姓名、联系电话等公民个人信息电子数据并将其非法提供给他人，严重违反了数据安全法中的相关规定，损害了个人、组织的合法权益；另外，根据数据安全法第五十一条规定，窃取或者以其他非法方式获取数据，开展数据处理活动排除、限制竞争，或者损害个人、组织合法权益的，依照有关法律、行政法规的规定处罚。被告人张某违反相关程序性规定，以非法方式收集、使用政务数据，极大地损害了个人、组织的合法权益，应当承担相应的法律责任。

本案案情较为清晰，法院的判决主要从个人信息保护的角度入手分析。如从数据安全法角度入手，本案所涉及的电子数据作为政务数据，其收集、使用均应依照数据安全法第三十八条的规定，在其履行法定职责的范围内严格遵守相关程序性规定；同时还应对收集、使用的政务数据依法履行相关的保密义务，防止政务数据外泄。本案的意义在于，明确了政务数据收集、使用的合法合规途径，突出遵守正当程序的重要性，为保障政务数据安全、促进政务数据流通利用提供了指引。

第六章　法律责任

第四十四条　【数据安全监管职责的履行】有关主管部门在履行数据安全监管职责中，发现数据处理活动存在较大安全风险的，可以按照规定的权限和程序对有关组织、个人进行约谈，并要求有关组织、个人采取措施进行整改，消除隐患。

【条文主旨】

本条是关于有关主管部门履行数据安全监管职责的规定。

【条文理解】

本条规定有关主管部门在履行数据安全监管职责中，如果发现数据处理活动存在较大安全风险，有权依照规定的权限和程序对有关组织、个人进行约谈，并要求有关组织、个人采取措施进行整改，消除隐患。本条所规定的内容作为数据安全监管体系中的一环，赋予数据安全监管部门相应的监管权，有利于监管部门在违法事件发生后，及时联系数据处理者，了解情况、评估数据安全风险，以便做出判断；同时，这也是有关主管部门履行数据安全监管职责的应有之义，类似的条款如网络安全法第五十六条、《儿童个人信息网络保护规定》第二十五条，都是要求有关主管部门在相关活动存在较大安全风险时，积极履行职责，依法采取措施防止风险扩大。

【适用指南】

本条在适用对象上主要包括有关数据安全主管部门和作为数据处理者的组织和个人。对于有关主管部门来说，在履行数据安全监管职责时，必须遵循法律规定的程序，在规定的权限范围内行使权利，同时对于涉及公共利益的数据处理者的情况处理应综合相关情节予以判断，及时向社会公众告知，尊重公众知情权；对于数据处理者来说，本条的规定实际上也起到了警示作用，要求数据处理者依法进行数据处理活动，及时进行安全风险评估，并在数据安全风险出现后，听从主管部门指示予以整改、消除隐患。

【相关规定】

《中华人民共和国网络安全法》第五十六条；《儿童个人信息网络保护规定》第二十五条。

第四十五条　【违反数据安全保护义务和国家核心数据管理制度的责任承担】开展数据处理活动的组织、个人不履行本法第二十七条、第二十九条、第三十条规定的数据安全保护义务的，由有关主管部门责令改正，给予警告，可以并处五万元以上五十万元以下罚款，对直接负责的主管人员和其他直接责任人员可以处一万元以上十万元以下罚款；拒不改正或者造成大量数据泄露等严重后果的，处五十万元以上二百万元以下罚款，并可以责令暂停相关业务、停业整顿、吊销相关业务许可证或者吊销营业执照，对直接负责的主管人员和其他直接责任人员处五万元以上二十万元以下罚款。

违反国家核心数据管理制度，危害国家主权、安全和发展利益的，由有关主管部门处二百万元以上一千万元以下罚款，并根据情况责令暂停相关业务、停业整顿、吊销相关业务许可证或者吊销营业执照；构成犯罪的，依法追究刑事责任。

【条文主旨】

本条是关于违反本法第二十七条、第二十九条、第三十条所规定的数据安全保护义务和国家核心数据管理制度应承担的法律责任的规定。

【条文理解】

本条应与数据安全法第二十七条、第二十九条、第三十条以及国家核心数据管理制度的相关条款结合起来理解。在法律条文上，本条分为两款，分别为违反数据安全法第二十七条、第二十九条、第三十条所规定的数据安全保护义务应承担的法律责任条款以及违反国家核心数据管理制度，危害国家主权、安全和发展利益的法律责任条款。

对于违反数据安全法第二十七条、第二十九条、第三十条所规定的数据安全保护义务，本条第一款将法律责任分为了两个梯度：一方面，违反数据安全保护义务，未造成严重后果的，由有关主管部门责令改正，给予警告，可以并处五万元以上五十万元以下罚款，对直接负责的主管人员和其他直接责任人员可以处一万元以上十万元以下罚款；另一方面，违反数据安全保护义务，造成严重后果的，处五十万元以上二百万元以下罚款，并可以责令暂停相关业务、停业整顿、吊销相关业务许可证或者吊销营业执照，对直接负责的主管人员和其他直接责任人员处五万元以上二十万元以下罚款。需要注意的是，此处“严重后果”指的是与拒不改正或造成大量数据泄露程度同等的法律后果。

对于违反国家核心数据管理制度，危害国家主权、安全和发展利益的，本条同样加强了处罚力度，将罚款的最高额度提升到一千万元的层次，并允许根据情况责令暂停相关业务、停业整顿、吊销相关业务许可证或者吊销营业执照；另外，构成犯罪的，依法追究刑事责任。

【适用指南】

本条的适用对象较广，主要是针对作为数据处理者或数据主体的组织、个人。一方面，数据处理者或相关数据主体应依照数据安全法第二十七条、第二十九条、第三十条的规定履行数据安全保护义务，落实相关数据安全保护责任，建立健全全流程数据安全管理制度，组织开展数据安全教育培训，采取相应的技术措施和其他必要措施，依法进行相关数据安全风险评估与监控，保障数据安全；另一方面，严格遵守国家核心数据管理制度，对于关系到国家安全、国民经济命脉、重要民生、重大公共利益等数据的处理应做到依法合规，维护国家主权和数据安全。

【相关规定】

《中华人民共和国网络安全法》第六十二条、第六十四条、第六十八条；《中华人民共和国未成年人保护法》第一百二十七条。

第四十六条　【违法向境外提供重要数据的责任承担】 违反本法第三十一条规定，向境外提供重要数据的，由有关主管部门责令改正，给予警告，可以并处十万元以上一百万元以下罚款，对直接负责的主管人员和其他直接责任人员可以处一万元以上十万元以下罚款；情节严重的，处一百万元以上一千万元以下罚款，并可以责令暂停相关业务、停业整顿、吊销相关业务许可证或者吊销营业执照，对直接负责的主管人员和其他直接责任人员处十万元以上一百万元以下罚款。

【条文主旨】

本条是关于违法向境外提供重要数据应承担的法律责任的规定。

【条文理解】

在对本条进行分析之前，必须与数据安全法第三十一条、网络安全法第三十七条结合起来理解。本条主要是规定了违法向境外提供重要数据的法律责任，关键信息基础设施的运营者对其在中华人民共和国境内收集和产生的重要数据的出境安全管理必须遵守网络安全法第三十七条的规定，如重要数据的出境未依法经国家网信部门会同国务院有关部门制定的办法进行安全评估，则应承担相应的法律责任。

本条细化了法律责任的承担，将法律责任分为了两个梯度：一方面，对于违法向境外提供重要数据，未有严重情节的，由有关主管部门责令改正，给予警告，可以并处十万元以上一百万元以下罚款，对直接负责的主管人员和其他直接责任人员可以处一万元以上十万元以下罚款；另一方面，如果违法向境外提供重要数据，情节严重的，处一百万元以上一千万元以下罚款，并可以责令暂停相关业务、停业整顿、吊销相关业务许可证或者吊销营业执照，对直接负责的主管人员和其他直接责任人员处十万元以上一百万元以下罚款。针对重要数据违法出境的行为，法律直接加强了处罚力度，罚款额度最高可达到一千万元，甚至可能会吊销相关业务许可证或者吊销营业执照，取消关键信息基础设施的运营者的数据经营资格。

【适用指南】

本条规定的主要适用对象是关键信息基础设施的运营者，其对于在境内所收集和产生的重要数据承担了相应的合规义务，在适用上可以链接到本法第三十一条。关键信息基础设施的运营者在向境外提供重要数据时，应依照本法第三十一条、网络安全法第三十七条的规定，针对重要数据的出境进行安全评估，防止因重要数据的违法出境承担相应的法律责任。

【相关规定】

《中华人民共和国网络安全法》第三十七条；《中华人民共和国密码法》第二十七条；《网络安全审查办法》。

第四十七条　【数据交易中介服务机构未履行义务的责任承担】从事数据交易中介服务的机构未履行本法第三十三条规定的义务的，由有关主管部门责令改正，没收违法所得，处违法所得一倍以上十倍以下罚款，没有违法所得或者违法所得不足十万元的，处十万元以上一百万元以下罚款，并可以责令暂停相关业务、停业整顿、吊销相关业务许可证或者吊销营业执照；对直接负责的主管人员和其他直接责任人员处一万元以上十万元以下罚款。

【条文主旨】

本条是关于从事数据交易中介服务的机构未履行本法第三十三条的规定所应当承担的法律责任的规定。

【条文理解】

数据交易中介服务机构在促进数据的流通和利用的同时，也带来了数据安全和个人信息保护的问题。针对数据交易中介服务机构设置相关的义务符合数据交易监管的需求，有利于规范数据交易市场秩序，促进数据有序流通。数据安全法第四十七条针对数据交易中介服务机构未履行相关义务的行为规定了对应的责任条款，确保数据交易中介服务机构合法合规履行义务，保障数据交易市场的有序发展。

在法律责任规定上，针对未履行义务的数据交易中介服务机构，数据安全法主要通过行政处罚予以制裁。一方面，通过有关主管部门责令改正，没收违法所得，处以罚款等措施警醒数据交易中介服务机构，并针对没有违法所得或者违法所得不足十万元的情况，将罚款的最高额度提到了一百万元，同时还允许有关部门对其责令暂停相关业务、停业整顿甚至吊销相关业务许可证或者吊销营业执照；另一方面，针对直接负责的主管人员和其他直接责任人员也规定了相应的罚款，将责任落实到个人。数据交易作为数据流通中的一个重要环节，对其予以规制有利于保障数据市场有序合规发展，确保数据交易安全、稳定。

【适用指南】

本条的适用对象是数据交易中介服务机构，根据数据安全法第三十三条规定，数据交易中介服务机构在提供服务过程中，应当要求数据提供方说明数据来源，审核交易双方的身份，并留存审核、交易记录。作为数据交易的中介服务机构，确保数据来源安全可靠，交易主体身份真实，留存审核、交易记录，是数据交易的应有之义。另外，对于监管机构来说，如相关数据交易中介服务机构未按照规定履行义务，应综合具体情况以及相关情节，给予适当惩处。通过适用法律责任条款，规范数据交易市场秩序，稳定数据交易市场，为数据交易营造安全、可靠、合规的运营环境。

【相关规定】

《中华人民共和国网络安全法》第六十四条；《中华人民共和国证券法》第二百一十三条。

第四十八条　【拒不配合数据调取、违法向外国司法或执法机构提供数据责任承担】违反本法第三十五条规定，拒不配合数据调取的，由有关主管部门责令改正，给予警告，并处五万元以上五十万元以下罚款，对直接负责的主管人员和其他直接责任人员处一万元以上十万元以下罚款。

违反本法第三十六条规定，未经主管机关批准向外国司法或者执法机构提供数据的，由有关主管部门给予警告，可以并处十万元以上一百万元以下罚款，对直接负责的主管人员和其他直接责任人员可以处一万元以上十万元以下罚款；造成严重后果的，处一百万元以上五百万元以下罚款，并可以责令暂停相关业务、停业整顿、吊销相关业务许可证或者吊销营业执照，对直接负责的主管人员和其他直接责任人员处五万元以上五十万元以下罚款。

【条文主旨】

本条是关于拒不配合公安机关、国家安全机关调取数据，未经主管机关批准向外国司法或者执法机构提供数据的行为的法律责任的规定。

【条文理解】

本条主要是对本法第三十五条、第三十六条作出的法律责任回应，要求数据处理者在公安机关、国家安全机关因依法维护国家安全或者侦查犯罪的需要调取数据时，依法予以配合；同时，对于非经中华人民共和国主管机关批准，境内的组织、个人不得向外国司法或者执法机构提供存储于中华人民共和国境内的数据。如果数据处理者或相关数据主体违反上述要求，则应承担对应的法律责任，具体而言如下：

对于拒不配合公安机关或国家安全机关调取数据，本法加大了对数据处理者或数据主体不作为的惩罚力度。一方面，对于数据处理者如数据公司，由有关主管部门责令改正，给予警告，并处五万元以上五十万元以下罚款。此处的有关主管部门指的是各行业、各领域内负责主管的政府部门，如工业、电信、交通等。另一方面，将责任具体落实到个人，对于不履行相关义务的主体，直接对其直接负责的主管人员和其他直接责任人员处一万元以上十万元以下罚款。

对于违反本法第三十六条规定，未经主管机关批准向外国司法或者执法机构提供数据的，主要分两个档次予以惩处：一方面，对于未造成严重后果的，本条规定由有关主管部门给予警告，可以并处十万元以上一百万元以下罚款，对直接负责的主管人员和其他直接责任人员可以处一万元以上十万元以下罚款；另一方面，对于造成严重后果的，处一百万元以上五百万元以下罚款，并可以责令暂停相关业务、停业整顿、吊销相关业务许可证或者吊销营业执照，对直接负责的主管人员和其他直接责任人员处五万元以上五十万元以下罚款。此处处罚力度极大，对于违反规定的数据处理者，如造成严重后果，除要支付巨额罚款外，还可能被"吊销相关业务许可证或者吊销营业执照"。国家层面加大惩罚力度正是因为数据出境关系到国家安全，必须严格把控。

【适用指南】

本条主要是链接本法第三十五条、第三十六条的规定，对于国内执法机构数据的调取以及向境外司法或执法机构提供数据规定了相关法律责任规定，因此在法律适用上也应从这两大方面提出相关要求：

在国内层面，如果相关数据处理者或数据主体不配合公安机关或国家安全机关调取数据的工作，同时符合相关条件，则应依法对相关数据主体予以惩处。因此，针对公安机关或国家安全机关因依法维护国家安全或者侦查犯罪的需要所提出的调取数据请求，相关数据主体应积极予以配合，履行法律规定的义务。

在数据出境层面，国家严格规制数据出境的事宜，尤其是向外国司法或执法机构提供数据，必须严格依照法律的规定，获得相关主管机关的批准，否则将依据本法第四十八条第二款予以惩处。本条细化了违反数据安全法的行政处罚梯度，在给予实践明确指引的同时，也强化了行政处罚的力度，促使数据处理者以及相关数据主体加强合规力度。

【相关规定】

《中华人民共和国网络安全法》第六十四条、第六十六条。

第四十九条　【国家机关不履行义务责任承担】 国家机关不履行本法规定的数据安全保护义务的，对直接负责的主管人员和其他直接责任人员依法给予处分。

【条文主旨】

本条是关于国家机关履行数据安全保护义务的责任承担的规定。

【条文理解】

本条对于国家机关出现不履行本法规定的数据安全保护义务的情况，规定了法律责任措施，将责任直接落实到个人，确保国家机关数据安全保护义务的实现。从体系解释的角度上看，本条与本法的第五十条一同作为法律责任条款，规定了国家机关与国家工作人员如不履行数据安全监管义务应承担的责任，从国家层面入手对数据安全保障提出了要求，要求国家机关严格遵守本法规定的数据安全监管义务，国家机关内部直接负责的主管人员和其他直接责任人员应发挥领导统筹作用，保障数据安全法的顺利落地。

数据安全法第六条通过明确监管主体及其职责，确立了以国家网信部门统筹协调，各区域、各部门分别负责的数据安全监管体系，形成不同区域、不同层级之间监管协调机制，① 在政府层面保障数据安全。

与该条款相似的规定如《中华人民共和国网络安全法》第七十二条，对于国家机关政务网络的运营者不履行网络安全保护义务，要求上级机关或有关机关责令改正；对直接负责的主管人员和其他直接责任人员依法给予处分。同样，法律规定责任条款来保障国家机关落实相关义务，确保法律制度的顺利落地。数据安全法从国家立法层面赋予了国家对影响或者可能影响国家安全的数据活动进行审查的职责，而相关责任条款的规定也能保障数据安全、数据主体的数据权益的实现。

【适用指南】

数据安全涉及国家利益和公共利益，需要国家层面组成数据安全监管

---

①　参见马海群、张涛：《从〈数据安全法（草案）〉解读我国数据安全保护体系建设》，载《数字图书馆论坛》2020 年第 10 期。

体系，在宏观层面规范数据处理活动，保护个人、组织的合法权益，维护国家主权和发展利益，保障数据安全。对于国家机关来说，在维护数据安全方面应严格遵守法律规定、履行本法所规定的数据安全监管义务。

具体到各个国家机关而言：首先，对于国家机关总体要求来说，本法第六条明确规定各地区、各部门对本地区、本部门工作中收集和产生的数据及数据安全负责，由此定下了“不同区域、不同部门数据安全负责制”的基调；其次，对于各国家部门的数据安全提出了要求，要求各个国家部门如工业、电信、交通、公安机关及国家安全机关等部门在各自职责范围内承担数据安全监管职责；最后，确定了国家网信部门在网络数据安全和相关监管工作中的地位。数据安全法第四十九条也正是基于这个趋势应运而生，要求国家机关依照法律规定履行职责，对于国家机关不作为的行为给予处罚。

【相关规定】

《中华人民共和国网络安全法》第七十二条；《中华人民共和国密码法》第三十四条。

第五十条　【监管人员违法责任承担】履行数据安全监管职责的国家工作人员玩忽职守、滥用职权、徇私舞弊的，依法给予处分。

【条文主旨】

本条是关于履行数据安全监管职责的国家工作人员玩忽职守、滥用职权、徇私舞弊的法律责任的规定。

【条文理解】

数据安全法第六条明确规定了各国家机关对于本地区、本部门所产生和收集的数据及数据安全负责，同时规定了国家机关在业务范围内承担监管职责，为数据安全法的施行构建了完善的政府监管体系，而为了给权利加上笼子，必须同时在数据安全法中明确规定监管人员违法的责任承担，监督执法人员依法履行数据安全监管职责。

将本条对比数据安全法草案二审稿中的条文，数据安全法草案二审稿第四十八条规定“履行数据安全监管职责的国家工作人员玩忽职守、滥用职权、徇私舞弊，尚不构成犯罪的，依法给予处分”，而正式条文则将“尚不构成犯罪的”删去，意味着如果国家工作人员在履行数据安全监管职责中如出现玩忽职守、滥用职权、徇私舞弊的情况，不管是否构成犯罪，均应依法给予处分，加大了对监管人员的监督力度。

另外，该条主要是与《中华人民共和国刑法》第三百九十七条、第三百九十九条相关联，如果国家工作人员的行为符合刑事犯罪的构成要件，则应依法承担刑事责任。通过对负有数据安全监管职责的国家工作人员设置责任承担，确保数据安全法有效实施，保障实践中数据的合规流通与安全。

【适用指南】

本条主要确立了国家监管人员玩忽职守、滥用职权、徇私舞弊的违法责任。一方面，实践中如果发现国家监管人员有类似行为，数据主体或数据处理者可依据本法第十二条的规定，通过投诉、举报等方式向有关主管部门反映，履行监督权，维护合法的数据权益；另一方面，国家监管部门也必须严格要求内部人员，依法履行法定的监管职责，针对国家工作人员玩忽职守、滥用职权、徇私舞弊的行为，国家机关应当依法及时处分，追责到个人，确保数据安全监管体系流畅运行，维护数据安全。

【相关规定】

《中华人民共和国刑法》第三百九十七条、第三百九十九条；《中华人民共和国社会保险法》第九十三条；《中华人民共和国社会保险法》第五十一条。

第五十一条　【非法获取、使用数据损害合法权益】窃取或者以其他非法方式获取数据，开展数据处理活动排除、限制竞争，或者损害个人、组织合法权益的，依照有关法律、行政法规的规定处罚。

【条文主旨】

本条是关于通过窃取或其他非法方式获取数据，开展数据处理活动排除、限制竞争，或损害个人、组织合法权益的规定。

【条文理解】

本条规定了非法获取、使用数据损害合法权益的行为模式和法律后果，主要是对应本法第三十二条的规定，针对任何组织或个人未能采用合法、正当的方式获取数据，未在法律、行政法规规定的目的和范围内收集、使用数据的行为予以惩处。具体而言，首先，在行为模式上，该法条重点强调了“窃取或者以其他非法方式获取数据”。根据文义解释，“窃取”主要指的是通过秘密方式获取数据，“以其他非法方式获取数据”则是指以窃取之外的方法，没有法律依据地获取公民个人信息，其中“窃取”属于非法获取数据的典型手段，而“以其他非法方式获取数据”则为兜底条款，对于典型手段之外的其他手段予以兜底性规定，体现法律的严密性和适用的张力。其次，法条也对使用非法获取的数据开展数据处理活动排除、限制竞争，或者损害个人、组织合法权益的行为明确禁止，保护权利人数据安全。最后，该条款明确法律后果，针对窃取或以其他非法方式获取数据、开展数据处理活动排除、限制竞争，或者损害个人、组织合法权益的，依照有关法律、行政法规的规定处罚，为权利人提供救济保障。

这一规定体现了我国对数据安全的综合治理思维，通过结合刑法、反不正当竞争法等法律法规的规定，促进数据活动有序处理。首先，反垄断法明确禁止经营者在其经营活动中排除、限制市场竞争；其次，此前发布的《国务院反垄断委员会关于平台经济领域的反垄断指南》中，明确提及了经营者利用数据或算法排除、限制竞争的多种行为模式；最后，刑法第二百五十三条之一也对相关行为进行规定，对于“窃取或者以其他方法非法获取公民个人信息”的行为，认定构成侵犯公民个人信息罪。[①] 本条正是链接到该条，对于损害个人合法权益的行为如构成犯罪，则应依照法律规定承担相应刑事责任。总而言之，如果行为人在未经权利人同意且无其他法律依据的情况下以非法手段获取数据，则侵犯了权利人的数据安全与自由，应承担相应法律后果。

---

① 参见韩玉胜:《侵犯公民个人信息犯罪客观方面辨析》，载《人民检察》2013 年第 19 期。

【适用指南】

本条主要针对数据处理者合法合规获取、处理数据提出要求，尤其是对于大型的互联网企业，要求其从反垄断法、反不正当竞争法以及刑法等多维度对数据合规工作进行部署。一方面本条要求作为数据处理者的企业不能通过非法方式获取数据，开展数据处理活动排除、限制竞争；要求企业依法合规获取数据并在法律允许的范围内开展数据处理活动，参与市场竞争。另一方面也明确企业如违反法律规定，损害个人或组织合法权益构成犯罪的，应当负法律责任。

【相关规定】

《中华人民共和国反垄断法》第五十一条；《中华人民共和国刑法》第二百五十三条之一；《中华人民共和国网络安全法》第四十四条；《中华人民共和国密码法》第三十二条。

第五十二条　【责任承担】违反本法规定，给他人造成损害的，依法承担民事责任。

违反本法规定，构成违反治安管理行为的，依法给予治安管理处罚；构成犯罪的，依法追究刑事责任。

【条文主旨】

本条是关于违反本法责任承担的规定。

【条文理解】

本条针对违反本法的法律后果进行了规定。首先，在民事责任上，通过明确数据侵权适用无过错责任原则，在具备侵权行为、侵权后果以及因果关系后，便可承担相应的侵权责任；其次，还规定了数据侵权行为如构成违反治安管理行为的，依法给予治安管理处罚，在行政法层面对侵权行为予以规制；最后，通过刑法保护进行兜底，一方面加强数据侵权行为的惩罚力度，重视数据安全保护，另一方面通过刑法的威慑作用，预防行为人犯罪。

另外，从全球范围内数据安全的法律责任规定来看，各地加强了对于相关违法违规行为的处罚力度。在欧盟的 GDPR 中，一方面赋予监管机构广泛的权力对违法违规的行为予以及时监督，如 GDPR 第六章专门针对监管机构的职责与权力范围进行规定，赋予了监管机构完全的独立性①；另一方面加大了对违法违规行为的处罚力度。GDPR 将行政处罚分为了两档：第一档的罚款主要是针对违法控制者或处理者的相关义务等，在最高 1000 万欧元的行政罚款或企业上一财务年度全球年营业总额 2%的行政罚款之间选用最高额进行处罚；② 第二档的罚款主要是针对违反数据处理的基本原则、数据主体的权利等行为，在最高 2000 万欧元的行政罚款或企业上一财政年度全球年营业总额 4%的行政罚款之间选取最高额进行处罚。③ 另外，GDPR 虽然确立了以行政处罚为主的执法措施，但同样认可民事赔偿的措施。

本条与网络安全法第七十四条、个人信息保护法第七十一条规定类似，在法律层面针对不同程度侵犯数据安全的行为进行规制，为确保数据合规有序流通提供法律保障。

【适用指南】

本条作为本法的责任承担条款，对违反本法的法律后果予以了明确规定，通过递进式的规定顺序，本法针对数据安全给予了救济路径。在适用上，一方面，如相关行为满足相应的构成要件，即需承担相应的法律后果，为权利人保护自身权益提供了明确的救济指引；另一方面，作为本法的责任条款，该条在对权利人提供保护的同时也对违法行为起到了威慑作用，通过明确责任落实对权利人的保护与对违法行为的规范。

---

① See General Data Protection Regulation Charter VI："Independent supervisory authorities."

② See General Data Protection Regulation Article 83："4. Infringments of the following provisions shall, in acccordance with paragraph 2, be subject to administrative fines up to 10 000 000 EUR, or in the case of an undertaking, up to 2 % of the total worldwide annual turnover of the preceding financial year, whichever is higher:（a）the obligations of the controller and the processor pursuant to Articles 8, 11, 25, 26, 27, 28, 29, 30, 31, 32, 33, 34, 35, 36, 37, 38, 39, 42 and 43;（b）the obligations of the certification body pursuant to Articles 42 and 43;（c）the obligations of the monitoring body pursuant to Article 41（4）."

③ See General Data Protection Regulation Article 83："6. Non-compliance with an order by the supervisory authority as referred to in Article 58（2）shall, in acccordance with paragraph 2 of this Article, be subject to administrative fines up to 20 000 000 EUR, or in the case of an undertaking, up to 4 % of the total worldwide annual turnover of the preceding financial year, whichever is higher."

对于数据主体来说，可根据数据侵权行为的程度采取适宜的处理方式。针对构成民事侵权的行为，数据主体可请求承担民事责任，寻求民事救济；针对违反治安管理处罚的行为，数据主体可寻求行政救济，由行政机关给予相关处罚；针对构成刑事犯罪的行为，由国家司法机关依法追究其刑事责任。

对于数据处理者来说，该条款更多的是起到提醒与警示的作用，要求数据处理者在处理数据时做到合法合规，在保障数据安全和尊重数据主体利益的前提下，促进数据合规有序流通。

【相关规定】

《中华人民共和国网络安全法》第七十四条；《中华人民共和国未成年人保护法》第一百二十九条；《中华人民共和国个人信息保护法》第七十一条。

案例解读

××银行因未履行数据安全保护义务被银保监会处罚①

【案情简介】

2021 年 1 月 19 日，××银行因数据安全、网络安全等方面存在漏洞而被中国银保监会处罚，罚款 420 万元人民币。

【案例焦点】

根据银保监会开出的罚单显示，××银行的违法违规事实主要包括六项，具体如下：

（一）发生重要信息系统突发事件未报告；

（二）制卡数据违规明文留存；

（三）生产网络、分行无线互联网络保护不当；

---

① 《中国银行保险监督管理委员会行政处罚信息公开表》（银保监罚决字〔2021〕1 号），载中国银保监会官网，http：//www. cbirc. gov. cn/cn/view/pages/ItemDetail. html? docId =963387&itemId=4113&generaltype=9，最后访问时间：2021 年 10 月 18 日。

（四）数据安全管理较粗放，存在数据泄露风险；

（五）网络信息系统存在较多漏洞；

（六）互联网门户网站泄露敏感信息。

【专家评析】

随着互联网技术在金融领域的不断融合发展，互联网金融信息的覆盖范围、种类、数量都呈指数级增长，其中蕴含着大量的公民身份、财产、职业、家庭等敏感数据，与公民财产安全、国家社会稳定息息相关。因此，互联网金融数据也逐渐成为网络黑客的重点攻击对象，许多金融机构被黑客攻击，大量金融数据遭到严重泄露，互联网金融领域的数据安全漏洞给电信诈骗、信用卡盗刷等违法犯罪活动提供了基础。

除上述××银行被行政处罚的案件外，近年来各类金融机构数据泄露并因此而被处罚的案件层出不穷。2018 年 1 月，有 47 家金融机构受到行政处罚，罚款金额达 716 万元，既包括国有银行及全国股份制银行，又包括 21 家地方农商行和农信社、7 家村镇银行以及 2 家城商行，同时还包括 6 家保险公司、1 家资产管理公司和 1 家涉及金融服务的网络科技公司。①

纵观以上金融机构行政处罚案件，最为重要的处罚原因为数据安全管理不善：有些金融机构未有效建立数据分类分级保护制度，金融数据作为事关公民生命财产安全的重要数据，一旦遭到篡改、破坏、泄露或者被非法获取、非法利用，对国家安全、公共利益或者个人、组织合法权益造成的危害程度，应与其他数据之间按照不同类别、不同级别采取不同的存储与保护措施，切实保障重要数据与核心数据的安全无风险；有些金融机构未建立完善的风险评估、报告、信息共享、监测预警机制，未加强数据安全风险信息的获取、分析、研判、预警工作，一旦发生数据安全事件，不能及时启动应急预案和采取相应的应急处置措施和向社会发布与公众有关的警示信息，具有极大的安全隐患；有些金融机构未尽到主动报告义务，没有按照规定向有关主管部门报告；有些金融机构则没有建立完善的内部防控管理机制，未定期开展培训以提高工作人员数据安全意识；更有甚者出现了内部员工利用职权窃取、倒卖数据的严重现象，带来了极大的数据安全隐患。2018 年 5 月，银保监会印发《银行业金融机构数据治理指引》，

---

① 《瞒报数据泄露信息　47 家违规金融机构被罚 716 万元》，载中国法院网，https：//www.chinacourt.org/article/detail/2018/01/id/3148223.shtml，最后访问时间：2021 年 10 月 19 日。

该文件严格要求银行业金融机构加强数据资料统一管理，建立全面严密的管理流程、归档制度，明确存档交接、口径梳理等要求，保证数据可比性。应当建立数据安全策略与标准，依法合规采集、应用数据，依法保护客户隐私，划分数据安全等级，明确访问权限，监控访问行为，完善数据安全技术，定期审计数据安全。

如今，随着数据安全法的出台和落地实施，以往我国不同主管部门仅在各自职权范围内和主管领域内建立数据安全制度、落实数据安全保护责任的“九龙治水”现象将有所改观，填补了监管空白。不论什么行业、什么领域，在收集、存储、使用、加工、传输、提供、公开数据资源时，都应该根据本法的要求依法建立健全数据安全管理制度，采取相应技术措施保障数据安全，如数据分类分级保护、国家核心数据安全管理、数据跨境流动许可、数据安全监测预警报告、配合数据调取、数据交易中介服务等制度，否则将被有关部门按照本章规定采取措施并承担法律责任。

第七章　附　　则

第五十三条　【涉国家秘密处理活动】开展涉及国家秘密的数据处理活动，适用《中华人民共和国保守国家秘密法》等法律、行政法规的规定。

在统计、档案工作中开展数据处理活动，开展涉及个人信息的数据处理活动，还应当遵守有关法律、行政法规的规定。

【条文主旨】

本条是关于涉国家秘密处理活动的规定。

【条文理解】

本条规定了开展涉及国家秘密的数据处理活动适用《中华人民共和国保守国家秘密法》等法律、行政法规的规定；同时本条第二款还规定了数据安全法适用的例外条款，即在统计、档案工作中开展涉及个人信息的数据处理活动，还应当遵守有关法律、行政法规的规定。本条作为数据安全法附则的条款之一，对涉及国家秘密的数据处理活动的情形以及相关例外条款予以规定，补充完善数据安全法的框架体系。

根据本法第一条规定可知，本法的立法目的不仅在于保护个人、组织的合法权益，同时也注重维护国家主权、安全和发展利益。为此，本法第二十一条第二款明确规定了“国家核心数据”，关系国家安全、国民经济命脉、重要民生、重大公共利益等数据属于国家核心数据，要求实行更加严格的管理制度。同时，本法第四十五条第二款针对违反国家核心数据管理制度，危害国家主权、安全和发展利益的行为规定了相应的法律责任条款，明确惩罚措施。本法第五十三条所规定的内容更是凸显了本法维护国家安全和发展利益的重要立场，对于涉及国家秘密的数据处理活动予以明确的适用规定。一方面，《中华人民共和国保守国家秘密法》第九条规定："下列涉及国家安全和利益的事项，泄露后可能损害国家在政治、经济、国防、外交等领域的安全和利益的，应当确定为国家秘密：（一）国家事务重大决策中的秘密事项；（二）国防建设和武装力量活动中的秘密事项；（三）外交和外事活动中的秘密事项以及对外承担保密义务的秘密事项；（四）国民经济和社会发展中的秘密事项；（五）科学技术中的秘密事项；（六）维护国家安全活动和追查刑事犯罪中的秘密事项；（七）经国家保密行政管理部门确定的其他秘密事项。政党的秘密事项中符合前款规定的，属于国家秘密。"因此，国家核心数据如果符合《中华人民共和国保守国家秘密法》第九条的规定，那么相关的"国家核心数据"应当被认定为"国家秘密"，适用《中华人民共和国保守国家秘密法》的规定。另一方面，我国刑法第一百一十一条的境外窃取、刺探、收买、非法提供国家秘密、情报罪，第三百九十八条的故意或过失泄露国家秘密罪等罪名都是对国家秘密（国家安全）明确的保护，数据处理者如果违反刑法规定，同样需要承担相应的法律责任。

本条第二款设置了数据安全法适用的额外要求，即在统计、档案工作中开展数据处理活动，开展涉及个人信息的数据处理活动，还应当遵守有关法律、行政法规的规定。针对在统计、档案工作中的数据处理活动，不仅需要依照数据安全法的规定，确保数据合规处理；还需要遵守民法典、网络安全法、个人信息保护法等相关规定，保障依法合规进行数据处理活动。

【适用指南】

本条对实务中数据处理活动的适用给予了明确指引，一方面，对于涉及国家秘密的数据处理活动，要求严格遵守《中华人民共和国保守国家秘密法》等法律、行政法规的规定，相关数据处理者应履行保守国家秘密的义务，维护国家安全与利益，对于泄露国家秘密等行为将依照有关法律、行政法规的规定给予处罚，构成犯罪的，依法追究刑事责任；另一方面，对于在统计、档案工作中开展数据处理活动，开展涉及个人信息的数据处理活动，除应适用数据安全法外，还应遵守民法典、网络安全法、个人信息保护法等法律、行政法规的规定，规范数据处理活动，保障数据安全。

【相关规定】

《中华人民共和国保守国家秘密法》第九条；《中华人民共和国刑法》第一百一十一条、第三百九十八条；《中华人民共和国数据安全法》第一条、第四十五条。

第五十四条　【军事数据安全保护】 军事数据安全保护的办法，由中央军事委员会依据本法另行制定。

【条文主旨】

本条是关于军事数据安全保护的规定。

【条文理解】

此次数据安全法体现出的一个重要特点便是全方位覆盖，尤其是针对涉及国家安全与发展利益的数据予以充分保护。就军事方面而言，数据是信息化战争的核心。军事数据保护是信息安全体系内的重要内容，数据安全法第五十四条便明确重视军事数据的特殊性和价值，针对相关军事数据安全保护问题，规定由中央军事委员会依据本法另行制定相应的数据安全保护办法，这是从国家战略层面对数据保护的明确要求。在国家利益以及国家安全方面，军事机关作为保证国家安全平稳运行有效的强力支撑，军事数据安全与国家安全、利益是休戚相关的。因此，很有必要专门制定军事数据安全保护办法，加强对军事数据的保护。

军事数据对国家安全的重要性不言而喻，加强对军事数据的安全保护，制定相关的安全保护办法，是保护国家安全与发展利益、维护社会稳定、长治久安的重中之重。

【适用指南】

本条明确加强军事数据安全保护，规定由中央军事委员会另行制定军事数据安全保护的办法。信息化战争时代，军事数据可能面临着在采集、处理、存储、使用整个生命周期过程中的安全风险，[1] 保障各个环节的军事数据安全与保护国家安全紧密相连，是维护国家长治久安的重要环节。因此，需尽快制定相关军事数据安全保护办法，构建军事数据安全保护体系，保障国家安全与发展。

第五十五条　【施行时间】本法自2021年9月1日起施行。

【条文主旨】

本条是关于本法施行时间的规定。

【条文理解】

我国立法法第五十七条规定，法律应当明确规定施行日期。施行日期有别于法律公布日期（或法律通过时间），我国多数法律都规定法律通过一段时间后的一个具体日期作为法律的施行日期，主要目的是给法律实施留出一定的准备时间，让社会公众可以学习和认知法律。

我国多数法律都规定在法律公布后经过一段时间才开始实施，本法也采用相同的方式。

【适用指南】

本法于2021年6月10日由第十三届全国人民代表大会常务委员会第二十九次会议通过，并于同日公布，自2021年9月1日起施行。本法从颁布到施行有约80天的时间，以便有关各方做好相关的准备工作和学习工作。

---

① 参见李苏勇：《军事数据安全威胁及对策》，载《中国指挥与控制学会：第五届中国指挥控制大会论文集》。

附　录

中华人民共和国数据安全法

（2021 年 6 月 10 日第十三届全国人民代表大会常务委员会第二十九次会议通过　2021 年 6 月 10 日中华人民共和国主席令第八十四号公布　自 2021 年 9 月 1 日起施行）

目　录

第一章　总　　则

第一条　为了规范数据处理活动，保障数据安全，促进数据开发利用，保护个人、组织的合法权益，维护国家主权、安全和发展利益，制定本法。

第二条　在中华人民共和国境内开展数据处理活动及其安全监管，适用本法。

在中华人民共和国境外开展数据处理活动，损害中华人民共和国国家安全、公共利益或者公民、组织合法权益的，依法追究法律责任。

第三条　本法所称数据，是指任何以电子或者其他方式对信息的记录。

数据处理，包括数据的收集、存储、使用、加工、传输、提供、公开等。

数据安全，是指通过采取必要措施，确保数据处于有效保护和合法利用的状态，以及具备保障持续安全状态的能力。

第四条　维护数据安全，应当坚持总体国家安全观，建立健全数据安全治理体系，提高数据安全保障能力。

第五条 中央国家安全领导机构负责国家数据安全工作的决策和议事协调，研究制定、指导实施国家数据安全战略和有关重大方针政策，统筹协调国家数据安全的重大事项和重要工作，建立国家数据安全工作协调机制。

第六条 各地区、各部门对本地区、本部门工作中收集和产生的数据及数据安全负责。

工业、电信、交通、金融、自然资源、卫生健康、教育、科技等主管部门承担本行业、本领域数据安全监管职责。

公安机关、国家安全机关等依照本法和有关法律、行政法规的规定，在各自职责范围内承担数据安全监管职责。

国家网信部门依照本法和有关法律、行政法规的规定，负责统筹协调网络数据安全和相关监管工作。

第七条 国家保护个人、组织与数据有关的权益，鼓励数据依法合理有效利用，保障数据依法有序自由流动，促进以数据为关键要素的数字经济发展。

第八条 开展数据处理活动，应当遵守法律、法规，尊重社会公德和伦理，遵守商业道德和职业道德，诚实守信，履行数据安全保护义务，承担社会责任，不得危害国家安全、公共利益，不得损害个人、组织的合法权益。

第九条 国家支持开展数据安全知识宣传普及，提高全社会的数据安全保护意识和水平，推动有关部门、行业组织、科研机构、企业、个人等共同参与数据安全保护工作，形成全社会共同维护数据安全和促进发展的良好环境。

第十条 相关行业组织按照章程，依法制定数据安全行为规范和团体标准，加强行业自律，指导会员加强数据安全保护，提高数据安全保护水平，促进行业健康发展。

第十一条 国家积极开展数据安全治理、数据开发利用等领域的国际交流与合作，参与数据安全相关国际规则和标准的制定，促进数据跨境安全、自由流动。

第十二条 任何个人、组织都有权对违反本法规定的行为向有关主管部门投诉、举报。收到投诉、举报的部门应当及时依法处理。

有关主管部门应当对投诉、举报人的相关信息予以保密，保护投诉、举报人的合法权益。

第二章　数据安全与发展

第十三条　国家统筹发展和安全，坚持以数据开发利用和产业发展促进数据安全，以数据安全保障数据开发利用和产业发展。

第十四条　国家实施大数据战略，推进数据基础设施建设，鼓励和支持数据在各行业、各领域的创新应用。

省级以上人民政府应当将数字经济发展纳入本级国民经济和社会发展规划，并根据需要制定数字经济发展规划。

第十五条　国家支持开发利用数据提升公共服务的智能化水平。提供智能化公共服务，应当充分考虑老年人、残疾人的需求，避免对老年人、残疾人的日常生活造成障碍。

第十六条　国家支持数据开发利用和数据安全技术研究，鼓励数据开发利用和数据安全等领域的技术推广和商业创新，培育、发展数据开发利用和数据安全产品、产业体系。

第十七条　国家推进数据开发利用技术和数据安全标准体系建设。国务院标准化行政主管部门和国务院有关部门根据各自的职责，组织制定并适时修订有关数据开发利用技术、产品和数据安全相关标准。国家支持企业、社会团体和教育、科研机构等参与标准制定。

第十八条　国家促进数据安全检测评估、认证等服务的发展，支持数据安全检测评估、认证等专业机构依法开展服务活动。

国家支持有关部门、行业组织、企业、教育和科研机构、有关专业机构等在数据安全风险评估、防范、处置等方面开展协作。

第十九条　国家建立健全数据交易管理制度，规范数据交易行为，培育数据交易市场。

第二十条　国家支持教育、科研机构和企业等开展数据开发利用技术和数据安全相关教育和培训，采取多种方式培养数据开发利用技术和数据安全专业人才，促进人才交流。

第三章　数据安全制度

第二十一条　国家建立数据分类分级保护制度，根据数据在经济社会发展中的重要程度，以及一旦遭到篡改、破坏、泄露或者非法获取、非法利用，对国家安全、公共利益或者个人、组织合法权益造成的危害程度，对数据实行分类分级保护。国家数据安全工作协调机制统筹协调有关部门制定重要数据目录，加强对重要数据的保护。

关系国家安全、国民经济命脉、重要民生、重大公共利益等数据属于国家核心数据，实行更加严格的管理制度。

各地区、各部门应当按照数据分类分级保护制度，确定本地区、本部门以及相关行业、领域的重要数据具体目录，对列入目录的数据进行重点保护。

第二十二条 国家建立集中统一、高效权威的数据安全风险评估、报告、信息共享、监测预警机制。国家数据安全工作协调机制统筹协调有关部门加强数据安全风险信息的获取、分析、研判、预警工作。

第二十三条 国家建立数据安全应急处置机制。发生数据安全事件，有关主管部门应当依法启动应急预案，采取相应的应急处置措施，防止危害扩大，消除安全隐患，并及时向社会发布与公众有关的警示信息。

第二十四条 国家建立数据安全审查制度，对影响或者可能影响国家安全的数据处理活动进行国家安全审查。

依法作出的安全审查决定为最终决定。

第二十五条 国家对与维护国家安全和利益、履行国际义务相关的属于管制物项的数据依法实施出口管制。

第二十六条 任何国家或者地区在与数据和数据开发利用技术等有关的投资、贸易等方面对中华人民共和国采取歧视性的禁止、限制或者其他类似措施的，中华人民共和国可以根据实际情况对该国家或者地区对等采取措施。

第四章 数据安全保护义务

第二十七条 开展数据处理活动应当依照法律、法规的规定，建立健全全流程数据安全管理制度，组织开展数据安全教育培训，采取相应的技术措施和其他必要措施，保障数据安全。利用互联网等信息网络开展数据处理活动，应当在网络安全等级保护制度的基础上，履行上述数据安全保护义务。

重要数据的处理者应当明确数据安全负责人和管理机构，落实数据安全保护责任。

第二十八条 开展数据处理活动以及研究开发数据新技术，应当有利于促进经济社会发展，增进人民福祉，符合社会公德和伦理。

第二十九条 开展数据处理活动应当加强风险监测，发现数据安全缺陷、漏洞等风险时，应当立即采取补救措施；发生数据安全事件时，应当立即采取处置措施，按照规定及时告知用户并向有关主管部门报告。

第三十条　重要数据的处理者应当按照规定对其数据处理活动定期开展风险评估，并向有关主管部门报送风险评估报告。

风险评估报告应当包括处理的重要数据的种类、数量，开展数据处理活动的情况，面临的数据安全风险及其应对措施等。

第三十一条　关键信息基础设施的运营者在中华人民共和国境内运营中收集和产生的重要数据的出境安全管理，适用《中华人民共和国网络安全法》的规定；其他数据处理者在中华人民共和国境内运营中收集和产生的重要数据的出境安全管理办法，由国家网信部门会同国务院有关部门制定。

第三十二条　任何组织、个人收集数据，应当采取合法、正当的方式，不得窃取或者以其他非法方式获取数据。

法律、行政法规对收集、使用数据的目的、范围有规定的，应当在法律、行政法规规定的目的和范围内收集、使用数据。

第三十三条　从事数据交易中介服务的机构提供服务，应当要求数据提供方说明数据来源，审核交易双方的身份，并留存审核、交易记录。

第三十四条　法律、行政法规规定提供数据处理相关服务应当取得行政许可的，服务提供者应当依法取得许可。

第三十五条　公安机关、国家安全机关因依法维护国家安全或者侦查犯罪的需要调取数据，应当按照国家有关规定，经过严格的批准手续，依法进行，有关组织、个人应当予以配合。

第三十六条　中华人民共和国主管机关根据有关法律和中华人民共和国缔结或者参加的国际条约、协定，或者按照平等互惠原则，处理外国司法或者执法机构关于提供数据的请求。非经中华人民共和国主管机关批准，境内的组织、个人不得向外国司法或者执法机构提供存储于中华人民共和国境内的数据。

第五章　政务数据安全与开放

第三十七条　国家大力推进电子政务建设，提高政务数据的科学性、准确性、时效性，提升运用数据服务经济社会发展的能力。

第三十八条　国家机关为履行法定职责的需要收集、使用数据，应当在其履行法定职责的范围内依照法律、行政法规规定的条件和程序进行；对在履行职责中知悉的个人隐私、个人信息、商业秘密、保密商务信息等数据应当依法予以保密，不得泄露或者非法向他人提供。

第三十九条　国家机关应当依照法律、行政法规的规定，建立健全数据安全管理制度，落实数据安全保护责任，保障政务数据安全。

第四十条 国家机关委托他人建设、维护电子政务系统，存储、加工政务数据，应当经过严格的批准程序，并应当监督受托方履行相应的数据安全保护义务。受托方应当依照法律、法规的规定和合同约定履行数据安全保护义务，不得擅自留存、使用、泄露或者向他人提供政务数据。

第四十一条 国家机关应当遵循公正、公平、便民的原则，按照规定及时、准确地公开政务数据。依法不予公开的除外。

第四十二条 国家制定政务数据开放目录，构建统一规范、互联互通、安全可控的政务数据开放平台，推动政务数据开放利用。

第四十三条 法律、法规授权的具有管理公共事务职能的组织为履行法定职责开展数据处理活动，适用本章规定。

第六章 法律责任

第四十四条 有关主管部门在履行数据安全监管职责中，发现数据处理活动存在较大安全风险的，可以按照规定的权限和程序对有关组织、个人进行约谈，并要求有关组织、个人采取措施进行整改，消除隐患。

第四十五条 开展数据处理活动的组织、个人不履行本法第二十七条、第二十九条、第三十条规定的数据安全保护义务的，由有关主管部门责令改正，给予警告，可以并处五万元以上五十万元以下罚款，对直接负责的主管人员和其他直接责任人员可以处一万元以上十万元以下罚款；拒不改正或者造成大量数据泄露等严重后果的，处五十万元以上二百万元以下罚款，并可以责令暂停相关业务、停业整顿、吊销相关业务许可证或者吊销营业执照，对直接负责的主管人员和其他直接责任人员处五万元以上二十万元以下罚款。

违反国家核心数据管理制度，危害国家主权、安全和发展利益的，由有关主管部门处二百万元以上一千万元以下罚款，并根据情况责令暂停相关业务、停业整顿、吊销相关业务许可证或者吊销营业执照；构成犯罪的，依法追究刑事责任。

第四十六条 违反本法第三十一条规定，向境外提供重要数据的，由有关主管部门责令改正，给予警告，可以并处十万元以上一百万元以下罚款，对直接负责的主管人员和其他直接责任人员可以处一万元以上十万元以下罚款；情节严重的，处一百万元以上一千万元以下罚款，并可以责令暂停相关业务、停业整顿、吊销相关业务许可证或者吊销营业执照，对直接负责的主管人员和其他直接责任人员处十万元以上一百万元以下罚款。

第四十七条 从事数据交易中介服务的机构未履行本法第三十三条规定的义务的，由有关主管部门责令改正，没收违法所得，处违法所得一倍以上十倍以下罚款，没有违法所得或者违法所得不足十万元的，处十万元以上一百万元以下罚款，并可以责令暂停相关业务、停业整顿、吊销相关业务许可证或者吊销营业执照；对直接负责的主管人员和其他直接责任人员处一万元以上十万元以下罚款。

第四十八条 违反本法第三十五条规定，拒不配合数据调取的，由有关主管部门责令改正，给予警告，并处五万元以上五十万元以下罚款，对直接负责的主管人员和其他直接责任人员处一万元以上十万元以下罚款。

违反本法第三十六条规定，未经主管机关批准向外国司法或者执法机构提供数据的，由有关主管部门给予警告，可以并处十万元以上一百万元以下罚款，对直接负责的主管人员和其他直接责任人员可以处一万元以上十万元以下罚款；造成严重后果的，处一百万元以上五百万元以下罚款，并可以责令暂停相关业务、停业整顿、吊销相关业务许可证或者吊销营业执照，对直接负责的主管人员和其他直接责任人员处五万元以上五十万元以下罚款。

第四十九条 国家机关不履行本法规定的数据安全保护义务的，对直接负责的主管人员和其他直接责任人员依法给予处分。

第五十条 履行数据安全监管职责的国家工作人员玩忽职守、滥用职权、徇私舞弊的，依法给予处分。

第五十一条 窃取或者以其他非法方式获取数据，开展数据处理活动排除、限制竞争，或者损害个人、组织合法权益的，依照有关法律、行政法规的规定处罚。

第五十二条 违反本法规定，给他人造成损害的，依法承担民事责任。

违反本法规定，构成违反治安管理行为的，依法给予治安管理处罚；构成犯罪的，依法追究刑事责任。

第七章 附 则

第五十三条 开展涉及国家秘密的数据处理活动，适用《中华人民共和国保守国家秘密法》等法律、行政法规的规定。

在统计、档案工作中开展数据处理活动，开展涉及个人信息的数据处理活动，还应当遵守有关法律、行政法规的规定。

第五十四条 军事数据安全保护的办法，由中央军事委员会依据本法另行制定。

第五十五条 本法自 2021 年 9 月 1 日起施行。

关于《中华人民共和国数据安全法（草案）》的说明①

——2020年6月28日在第十三届全国人民代表大会常务委员会第二十次会议上

全国人大常委会法制工作委员会副主任　刘俊臣

委员长、各位副委员长、秘书长、各位委员：

我受委员长会议的委托，作关于《中华人民共和国数据安全法（草案）》的说明。

一、关于制定本法的必要性

随着信息技术和人类生产生活交汇融合，各类数据迅猛增长、海量聚集，对经济发展、社会治理、人民生活都产生了重大而深刻的影响。数据安全已成为事关国家安全与经济社会发展的重大问题。党中央对此高度重视，习近平总书记多次作出重要指示批示，提出加快法规制度建设、切实保障国家数据安全等明确要求。党的十九大报告提出，推动互联网、大数据、人工智能和实体经济深度融合。党的十九届四中全会决定明确将数据作为新的生产要素。按照党中央部署和贯彻落实总体国家安全观的要求，制定一部数据安全领域的基础性法律十分必要：一是，数据是国家基础性战略资源，没有数据安全就没有国家安全。因此，应当按照总体国家安全观的要求，通过立法加强数据安全保护，提升国家数据安全保障能力，有效应对数据这一非传统领域的国家安全风险与挑战，切实维护国家主权、安全和发展利益。二是，当前，各类数据的拥有主体多样，处理活动复杂，安全风险加大，必须通过立法建立健全各项制度措施，切实加强数据安全保护，维护公民、组织的合法权益。三是，发挥数据的基础资源作用和创新引擎作用，加快形成以创新为主要引领和支撑的数字经济，更好服务我国经济社会发展，必须通过立法规范数据活动，完善数据安全治理体系，以安全保发展、以发展促安全。四是，为适应电子政务发展的需要，提升政府决策、管理、服

---

① 《关于〈中华人民共和国数据安全法（草案）〉的说明》，载中国人大网，http：//www.npc.gov.cn/npc/c30834/202106/2ecfc806d9f1419ebb03921ae72f217a.shtml，最后访问时间：2021年11月11日。

务的科学性和效率，应当通过立法明确政务数据安全管理制度和开放利用规则，大力推进政务数据资源开放和开发利用。

二、关于起草工作和把握的几点

按照党中央部署，制定数据安全法列入了十三届全国人大常委会立法规划和年度立法工作计划。2018 年 10 月，全国人大常委会法工委会同有关方面成立工作专班，抓紧草案研究起草工作。在起草过程中，多次召开座谈会，认真听取有关部门、企业和专家学者的意见；整理国内外有关立法资料，开展专题研究；并到有关地方和部门调研，深入了解数据安全领域存在的突出问题，听取立法意见建议。形成数据安全法草案稿后，又征求了中央有关部门和部分企业、专家的意见，经反复修改完善后，形成了《中华人民共和国数据安全法（草案）》。

起草工作注意把握以下几点：一是，把握正确政治方向，贯彻落实总体国家安全观，坚持党对数据安全工作的领导。二是，立足数据安全工作实际，着力解决数据安全领域突出问题，同时坚持包容审慎原则，鼓励和促进数据依法合理有效利用。三是，数据安全法作为数据领域的基础性法律，重点是确立数据安全保护管理各项基本制度，并与网络安全法、正在制定的个人信息保护法等做好衔接。

需要说明的是，按照全国人大常委会立法规划和年度立法工作计划的安排，全国人大常委会法工委会同中央网信办正在抓紧个人信息保护法草案起草工作，争取尽早提请全国人大常委会审议。

三、关于草案的主要内容

草案共七章五十一条，主要内容包括：

（一）关于本法的适用范围

草案明确在我国境内开展的数据活动适用本法，其中数据是任何以电子或者非电子形式对信息的记录，数据活动是指数据的收集、存储、加工、使用、提供、交易、公开等行为。同时，草案赋予本法必要的域外适用效力，规定：中华人民共和国境外的组织、个人开展数据活动，损害中华人民共和国国家安全、公共利益或者公民、组织合法权益的，依法追究法律责任。

（二）关于支持、促进数据安全与发展的措施

草案坚持安全与发展并重，设专章对支持促进数据安全与发展的措施作了规定，保护个人、组织与数据有关的权益，提升数据安全治理和数据开发利用水平，促进以数据为关键要素的数字经济发展。包括：实施大数据战略，制定数字经济发展规划；支持数据相关技术研发和商业创新；推

进数据相关标准体系建设，促进数据安全检测评估、认证等服务的发展；培育数据交易市场；支持采取多种方式培养专业人才等。

（三）关于数据安全制度

为有效应对境内外数据安全风险，有必要建立健全国家数据安全管理制度，完善国家数据安全治理体系。对此，草案主要作了以下规定：一是，建立数据分级分类管理制度，确定重要数据保护目录，对列入目录的数据进行重点保护。二是，建立集中统一、高效权威的数据安全风险评估、报告、信息共享、监测预警机制，加强数据安全风险信息的获取、分析、研判、预警工作。三是，建立数据安全应急处置机制，有效应对和处置数据安全事件。四是，与相关法律相衔接，确立数据安全审查制度和出口管制制度。五是，针对一些国家对我国的相关投资和贸易采取歧视性等不合理措施的做法，明确我国可以根据实际情况采取相应的措施。

（四）关于数据安全保护义务

保障数据安全，关键是要落实开展数据活动的组织、个人的主体责任。对此，草案主要作了以下规定：一是，开展数据活动必须遵守法律法规，尊重社会公德和伦理，有利于促进经济社会发展，增进人民福祉，不得违法收集、使用数据，不得危害国家安全、公共利益，不得损害公民、组织的合法权益。二是，开展数据活动应当按照规定建立健全全流程数据安全管理制度，组织开展数据安全教育培训，采取相应的技术措施和其他必要措施，保障数据安全。三是，开展数据活动应当加强数据安全风险监测、定期开展风险评估，及时处置数据安全事件，并履行相应的报告义务。四是，对数据交易中介服务和在线数据处理服务等作出规范。五是，对公安机关和国家安全机关因依法履行职责需要调取数据以及境外执法机构调取境内数据时，有关组织和个人的相关义务作了规定。

（五）关于政务数据安全与开放

为保障政务数据安全，并推动政务数据开放利用，草案主要作了以下规定：一是，对推进电子政务建设，提升运用数据服务经济社会发展的能力提出要求。二是，规定国家机关收集、使用数据应当在其履行法定职责的范围内依照法律、行政法规规定的条件和程序进行，并落实数据安全保护责任，保障政务数据安全。三是，对国家机关委托他人存储、加工或者向他人提供政务数据的审批要求和监督义务作出规定。四是，要求国家机关按照规定及时准确公开政务数据，制定政务数据开放目录，构建政务数据开放平台，推动政务数据开放利用。

（六）关于数据安全工作职责

数据安全涉及各行业各领域，涉及多个部门的职责，草案明确中央国家安全领导机构对数据安全工作的决策和统筹协调等职责，加强对数据安全工作的组织领导；同时对有关行业部门和有关主管部门的数据安全监管职责作了规定。

此外，草案还对违反本法规定的法律责任等作了规定。

数据安全法草案和以上说明是否妥当，请审议。

全国人民代表大会宪法和法律委员会关于《中华人民共和国数据安全法（草案）》修改情况的汇报①

全国人民代表大会常务委员会：

常委会第二十次会议对数据安全法草案进行了初次审议。会后，法制工作委员会将草案印发各省（区、市）、中央有关部门和部分基层立法联系点、人大代表、企业、研究机构等征求意见，在中国人大网全文公布草案征求社会公众意见。宪法和法律委员会、法制工作委员会联合召开座谈会，听取中央有关部门和部分专家、企业的意见，到北京、深圳、湖南调研，听取地方意见，并就草案的有关问题与有关方面交换意见，共同研究。宪法和法律委员会于4月1日召开会议，根据常委会组成人员的审议意见和各方面意见，对草案进行了逐条审议。中央国家安全委员会办公室有关负责同志列席了会议。4月20日，宪法和法律委员会召开会议，再次进行了审议。现将数据安全法草案主要问题修改情况汇报如下：

一、一些常委委员和地方、部门、专家建议，与民法典等有关规定相衔接，对草案中的数据活动、数据安全等用语的含义予以完善。宪法和法律委员会经研究，建议将草案第二条中的“开展数据活动”修改为“开展数据处理活动及其安全监管”，并对有关用语的含义作适当调整完善。

二、草案第十九条对地方、部门制定重要数据目录作了规定。一些常

---

① 《全国人民代表大会宪法和法律委员会关于〈中华人民共和国数据安全法（草案）〉修改情况的汇报》，载中国人大网，http://www.npc.gov.cn/npc/c30834/202106/6afa1aa6b29e431db28b5a659ed27b83.shtml，最后访问时间：2021年11月11日。

委委员和地方、部门、企业、专家提出，应由国家层面确定重要数据目录，再由地方、部门据此制定具体目录。宪法和法律委员会经研究，建议在草案第十九条中规定，国家建立数据分类分级保护制度，确定重要数据目录，加强对重要数据的保护；各地区、各部门按照规定确定本地区、本部门以及相关行业、领域的重要数据具体目录。

三、有的部门提出，网络安全法已要求网络运营者按照网络安全等级保护制度采取相应措施，保障数据安全，建议草案有关制度与网络安全等级保护制度做好衔接。宪法和法律委员会经研究，建议在有关条款中增加规定，开展数据处理活动应当“在网络安全等级保护制度的基础上”建立健全全流程安全管理制度，加强数据安全保护。

四、有的地方、部门提出，网络安全法关于重要数据出境的安全评估等要求限于关键信息基础设施，应根据实践发展和数据安全管理工作的需要，相应扩大范围。宪法和法律委员会经研究，建议增加一条规定：关键信息基础设施的运营者在我国境内运营中收集和产生的重要数据的出境安全管理，适用网络安全法的规定；其他数据处理者在我国境内运营中收集和产生的重要数据的出境安全管理办法，由国家网信部门会同国务院有关部门制定。

五、根据草案第三十三条的规定，境外司法和执法机构要求调取境内数据的，未经主管机关批准，不得提供。有的部门、专家建议，增加未经批准擅自提供数据的处罚规定，为有关组织、个人拒绝外国不合理要求提供更为充分的法律依据。宪法和法律委员会经研究，建议采纳上述意见，增加相应的处罚规定。

此外，还对草案作了一些文字修改。

草案二次审议稿已按上述意见作了修改，宪法和法律委员会建议提请本次常委会会议继续审议。

草案二次审议稿和以上汇报是否妥当，请审议。

全国人民代表大会宪法和法律委员会

2021 年 4 月 26 日

全国人民代表大会宪法和法律委员会关于《中华人民共和国数据安全法（草案）》审议结果的报告①

全国人民代表大会常务委员会：

常委会第二十八次会议对数据安全法草案进行了二次审议。会后，法制工作委员会在中国人大网全文公布草案征求社会公众意见；就草案的有关问题与有关方面交换意见，共同研究。宪法和法律委员会于5月17日召开会议，根据常委会组成人员的审议意见和各方面意见，对草案进行了审议。中央国家安全委员会办公室有关负责同志列席了会议。5月27日，宪法和法律委员会召开会议，再次进行了审议。宪法和法律委员会认为，为贯彻落实总体国家安全观，维护国家主权、安全和发展利益，规范数据处理活动，促进数据开发利用，制定本法是必要的，草案经过两次审议修改，已经比较成熟。同时，提出以下主要修改意见：

一、有的常委委员和部门提出，数据安全工作涉及面广，应当建立相应的协调机制，加强对数据安全工作的统筹。宪法和法律委员会经研究，建议对草案二次审议稿作以下修改：一是在中央国家安全领导机构的规定中增加“建立国家数据安全工作协调机制”；二是明确国家数据安全工作协调机制在制定重要数据目录、加强数据安全风险分析预警等方面的统筹协调职能。

二、有的常委会组成人员提出，关系国家安全、国计民生等数据属于国家核心数据，应当实行更加严格的管理制度，对违反规定损害国家核心利益的应当从严从重处罚，建议完善草案相关规定。宪法和法律委员会经研究，建议增加规定：关系国家安全、国民经济命脉、重要民生、重大公共利益等数据属于国家核心数据，实行更加严格的管理制度；同时，对违反国家核心数据管理制度，危害国家主权、安全和发展利益的行为规定严格的处罚。

---

① 《全国人民代表大会宪法和法律委员会关于〈中华人民共和国数据安全法（草案）〉审议结果的报告》，载中国人大网，http：//www.npc.gov.cn/npc/c30834/202106/a2292e20dfa743febe23b01fa6aa330b.shtml，最后访问时间：2021年11月11日。

三、有的常委委员和社会公众提出，在大力推进公共服务数字化发展的过程中，不应当对老年人、残疾人享受应有的公共服务造成障碍，建议增加有针对性规定。宪法和法律委员会经研究，建议增加一条规定：国家支持开发利用数据提升公共服务的智能化水平。提供智能化公共服务，应当充分考虑老年人、残疾人的需求，不得对老年人、残疾人的日常生活造成障碍。

四、有的常委委员提出，防范数据安全风险应当发挥社会各方面作用，加强政府、企业、专业机构之间的合作。宪法和法律委员会经研究，建议增加规定：国家支持有关部门、行业组织、企业、科研机构和有关专业机构等在数据安全风险评估、防范、处置等方面开展协作。

五、有的常委委员提出，电子政务系统的建设维护、政务数据的存储加工，很多都是委托专业机构实施的，建议强化受托方的数据安全义务。宪法和法律委员会经研究，建议增加规定：国家机关委托他人建设、维护电子政务系统，存储、加工政务数据，受托方应当依照法律、法规的规定和合同约定履行数据安全保护义务，不得擅自留存、使用、泄露或者向他人提供政务数据。

六、有的常委委员建议，加大对违法向境外提供数据行为的处罚力度。宪法和法律委员会经研究，建议采纳上述意见，对违法向境外提供重要数据、未经主管机关批准向外国司法或者执法机构提供数据行为的处罚规定予以修改完善。

此外，还对草案二次审议稿作了一些文字修改。

草案三次审议稿已按上述意见作了修改，宪法和法律委员会建议提请本次常委会会议审议通过。

草案三次审议稿和以上报告是否妥当，请审议。

全国人民代表大会宪法和法律委员会

2021 年 6 月 7 日

全国人民代表大会宪法和法律委员会关于《中华人民共和国数据安全法（草案三次审议稿）》修改意见的报告[①]

全国人民代表大会常务委员会：

本次常委会会议于6月8日上午对数据安全法草案三次审议稿进行了分组审议。普遍认为，草案已经比较成熟，建议进一步修改后，提请本次常委会会议表决通过。同时，有些常委会组成人员和列席人员还提出了一些修改意见和建议。宪法和法律委员会于6月9日上午召开会议，逐条研究了常委会组成人员的审议意见，对草案进行了审议。中央国家安全委员会办公室有关负责同志列席了会议。宪法和法律委员会认为，草案是可行的，同时，提出以下修改意见：

一、有的常委委员建议，做好有关用语与民法典、网络安全法有关规定的衔接。宪法和法律委员会经研究，建议将草案三次审议稿第三条第一款数据定义中的“电子或者非电子形式”修改为“电子或者其他方式”，将第六条第一款中的“产生、汇总、加工”修改为“收集和产生”。

二、草案三次审议稿第二十七条规定，开展数据处理活动应当在网络安全等级保护制度的基础上，建立健全全流程安全管理制度。有的常委委员提出，线下数据处理活动不适用网络安全等级保护制度，建议区分情况分别作出规定。宪法和法律委员会经研究，建议采纳上述意见，对这一条作相应修改。

三、有的常委委员建议，在本法中对与统计、档案有关的数据处理活动的法律适用问题作出衔接性规定。宪法和法律委员会经研究，建议增加规定，在统计、档案工作中开展数据处理活动，还应当遵守有关法律、行政法规的规定。

经与有关部门研究，建议将本法的施行时间确定为2021年9月1日。

此外，根据常委会组成人员的审议意见，还对草案三次审议稿作了一

---

① 《全国人民代表大会宪法和法律委员会关于〈中华人民共和国数据安全法（草案三次审议稿）〉修改意见的报告》，载中国人大网，http：//www.npc.gov.cn/npc/c30834/202106/7b4f64b447ac49a9841853de113c118d.shtml，最后访问时间：2021年11月11日。

些文字修改。

草案修改稿已按上述意见作了修改，宪法和法律委员会建议本次常委会会议审议通过。

草案修改稿和以上报告是否妥当，请审议。

全国人民代表大会宪法和法律委员会

2021年6月10日

后 记

本书的编辑出版得到了中国法制出版社的大力支持，应王熹编辑邀请，北京大学粤港澳大湾区知识产权发展研究院张平教授组建了兼具理论与实践经验的研究团队共同参与了本书的撰写工作，具体参与写作人员如下（按照撰写顺序）：闫文光（中国人民大学法学院）、谢阳（北京大学粤港澳大湾区知识产权发展研究院）、徐美玲（对外经济贸易大学法学院）、辜凌云（北京大学法学院）。

随着数据安全法的落地实施，未来将会有更加丰富多元的场景和问题出现，本书将持续关注并保持更新，力求为大家呈现更加完善的解读与适用，也期待并感谢您的任何意见建议。由于时间和水平有限，本书难免有瑕疵甚至错误之处，敬请读者批评指正，欢迎您通过电子邮件与我们联系（电子邮箱：yanwenguang@ipip-gba.cn）。

图书在版编目（CIP）数据

中华人民共和国数据安全法理解适用与案例解读 / 张平主编 . —北京：中国法制出版社，2021. 11（2025.12重印）
ISBN 978-7-5216-2283-6

Ⅰ. ①中… Ⅱ. ①张… Ⅲ. ①数据管理-安全管理-科学技术管理法规-法律适用-中国②数据管理-安全管理-科学技术管理法规-案例-中国 Ⅳ. ①D922. 175

中国版本图书馆 CIP 数据核字（2021）第 235921 号

策划编辑 王熹（wx2015hi@ sina. com） 责任编辑 王熹 封面设计 杨泽江

中华人民共和国数据安全法理解适用与案例解读

ZHONGHUA RENMIN GONGHEGUO SHUJU ANQUANFA LIJIE SHIYONG YU ANLI JIEDU

主编/张平
经销/新华书店
印刷/北京虎彩文化传播有限公司
开本/730 毫米×1030 毫米 16 开 印张 / 11. 5 字数 / 157 千
版次/2021 年 11 月第 1 版 2025 年12月第 5 次印刷

中国法制出版社出版
书号 ISBN 978-7-5216-2283-6 定价：56. 00 元

北京市西城区西便门西里甲 16 号西便门办公区
邮政编码：100053 传真：010-63141852
网址：http：//www. zgfzs. com **编辑部电话：010-63141795**
市场营销部电话：010-63141612 **总编室电话：010-63141606**

（如有印装质量问题，请与本社总编室联系。）